JN209596

FOREIGN EXCHANGE

1500人が実証！
〈勝率8割〉の
馬鹿トレ
FX

1週間で
1200万円
稼ぐ！

織田 慶 Kei Oda

ぱる出版

はじめに

〈1000万本超のローソク足研究の末、手にした勝率80%の手法を教えたら、主婦や学生が月100万円稼ぐトレーダーに〉

□ あなたヤバイですよ

「終身雇用はもう無理」。わが国の財界総本山である経団連会長の発言です。日本経済が白旗をあげたと言ってよいでしょう。「年金だけじゃ生活できない。2000万円を用意しろ」と金融庁が手のひらを返しました。

「頑張って勉強していい大学に入ったのに、いい会社に就職したのに安定は得られないの？」

「国が言う通りに頑張って年金納めてきたのに今度は足りないから投資しろだと？」

真面目に頑張ってきたあなたはさぞお怒りのことと思います。

現在60歳の方は、4人に1人が95歳まで生きるそうです。そしてこの35年に必要となるお金は、私たちが毎月納めている年金だけでは、とうてい賄えない状態です。ちなみに、老後資金として2000万円用意できたとして、一月あたりに使える額を計算すると5万円弱です。40年間必死に働いて貯め続けたお金を取り崩しても、生活の足し程度にしかなりません。

だから私は、「いくつになっても廃れない、自分で稼ぐ力をつけないと、あなたの将来ヤバイですよ」と伝えたい。

いきなり暗い話題を出して、申し訳ありません。自己紹介が遅れましたが、私は織田慶と申します。私は元プロボクサーで、ボクシングの道を挫折した時に知ったFXのおかげで、現在はかなり自由な人生が送れるようになりました（そこに至るまでにものすごい苦労や、惨めな思いもたくさんしましたが）。

今はトレードで得た「自由」を使って、人にトレードを指導するFX講師としても活動していて、これまでに1500人以上に指導をしてきました。受講生のなかから、旦那さんの給料より稼ぐ主婦トレーダーや、バイトを辞めて、就職せずに専業トレーダーになる大学生、介護離職で経済的に不安だった60代男性がFXのおかげで両親の介護に専念できるなど、嬉しい声を頂いています。

□相場の本質に基づいた「勝ち方」

本書では、まず序章でトレード例を見ていただきます。「シンプル」というキーワードを念頭に置き、見てみてください。

1章では相場に向かう準備や心構えについて。2章では具体的な手法を公開します。3章ではそのトレーニングをあなたにしてもらいます。4章では相場で生き残るために

本当に必要なことをあなたにお伝えします。終章は私がFXと出会うまでの、思考の道のりを書いています。

　FXに限ったことではなく、何事にも「本質」というものがあります。「本質」とは目に見えないので、多くの人から軽視されやすいものです。しかし、本当に大切なことは、目に見えないのです。だから日頃より、見えないものこそ重要視しています。
　後ほど話しますが、マーケットの本質は江戸時代から変わっていません。江戸時代の米相場から現代の株やFX、仮想通貨に至るまで、根底を流れ続ける「本質」が存在します。私はこれに気づくまでに多くの時間と、膨大な資金が必要でした。
　ぜひあなたには遠回りをせず、国に、会社に依存せずに、自身で稼ぐ力をつけてほしい。
　「相場の本質」に基づいた、勝つことに最適化された私の「勝ち方」を手にしてください。

　本書を通して、あなたは人生を大逆転するために、稼ぐ力を得ることになるでしょう。

定価
¥1500
＋税

注文補充カード

貴　店　名

9784827211900

部数　　冊

織田慶著

《勝率8割》の馬鹿トレFX

ぱる出版

TEL03（3353）2835
FAX03（3353）2826

ISBN978-4-8272-1190-0
C0033 ¥1500E

定価1500円＋税

売上カード

- POSデータ：1月〜12月迄の各店別データを、1月末までにお知らせください。
  配本の参考にさせて頂きます。

→ Eメール　pal@pal-pub.jp
→ FAX　　　03-3353-2826

ISBN978-4-8272-1190-0 C0033 ¥1500E

ぱる出版

織田　慶　著

〈勝率8割〉の馬鹿トレFX

〒160-0011
東京都新宿区若葉1-9-16
TEL　03（3353）2835
FAX　03（3353）2826

定価1500円＋税

第2章

億を稼いだ
トレード手法の全貌

第 3 章

幸せゾーンの練習ドリル

第4章

初心者は
見ないでください

第5章

ヘッジファンドの
新人トレーダーが最初に学ぶこと

終 章

いまの「トレード脳」ができるまで
～勝つまでの軌跡～

書籍コーディネート　インプルーブ　小山睦男

序　章

ＦＸは簡単だ。
教科書は捨てろ！

■私のトレードが簡単と言われる理由

私のFXトレードの何が簡単なのか、わかりやすく挙げてみると、

・ずっとPCと向き合っている必要がないので、まとまった時間がなくても大丈夫
・緻密に計算された難しい分析は不要、ただラインを2本引くだけ
・損切や利確で悩まされることはない

となります。

このように1週間でお金を稼ぐ方法はといえば、もしあなたがサラリーマンなのであれば、

1　夜仕事から帰宅したらチャートチェック
2　2本のラインを引いて就寝
3　翌朝、チャートチェックし、後ほどお話しする「幸せな条件」を満たしていたら建値する

あなたがすべきことは、これだけです。あとは放置して

いたら勝手に決済されます。

「FX でそんな簡単に儲かるはずがない。それはあなたに才能があったからできたんだ」こう思った人は残念ながら間違いです。そもそも私はトレードに本当に向いていない人間です（情けないエピソードがこの本にもたくさん出てきます）。

そして、トレードのど素人だった人たちが、私のトレード手法の正しさを、私以外の人間でも再現できることを実

生徒からの報告

2019/5/13月-17金》ドキドキ激減》

9勝1敗　赤1勝1敗
勝率90%
↓
ドキドキ4回 だけ。
2 X 赤エントリー
2 X 結果を追った

2019/5/20-5/24金》
ノートレード x 1日

9勝2敗　1赤負け
勝率 81.81%
↓
「結果を意識しない」
「結果に囚われない」
が、習慣化して来た、その現れ。

証してくれています。

　さて、私は日本にある株やFXの本、トレードの教材についてある違和感を覚えています。
　それはどの本にも「トレードは難しい」と書いてあることです。なんというか、本当に「もったいないなぁ」という印象です。
　まぁ、自分が苦労の末にやっと勝てるようになった人で

```
織田先生
皆様へ

4月内容


今月は赤無くします！
＊この内容は今回で最後にする覚悟です！


先月4月の結果は、終わってみれば、
79戦
48勝　ナイス38 OK 6　　NG 4
31敗　赤敗25　黒敗6

勝率60.75%

黒：44勝6敗＝勝率88%

赤：4勝25敗＝勝率14%
```

先週の合宿後に、
新たなルーティーンができ、
自分にとても合っていることが分かり、
今までより一桁多い利益が出ましたので、
ご報告です。
入　金：約１００万円
　　　　↓
合宿で：約１１０万円
　　　　↓
虫が騒ぎ：約８０万円
　　　　↓
ルーティーンと共に約２００万円達成。

ひと先ず、これで、私の合宿ムードは、
終えようと思います。
本日はもうしません。
明日の金曜日も休止します。
（ちょうど、月末なので、
　これで勝ち逃げします。）
と言うことで、とりあえず、
約２００万円は出金します。

あれば、「トレードをなめるな！　厳しい世界だ！　難しいんだ！　限られた人にしかできないんだ！」と言いたい気持ちもわかります。

でもそれって嘘なんです。

日本中にそんな認識が蔓延しているから、親や学校は子供にトレードは教えません。むしろ「投資なんて、FXなんてギャンブルだから危険だ」と教えていることでしょう。これによって投資に関するリテラシーが著しく低くなっているのではないでしょうか。

「このままじゃヤバイんだ」と気づく人がいても、トレードを学ぶ場所が日本にはないのです。

　もし、若いころからトレードを学ぶ場所があったら、「年金は満足に払えません」とか「終身雇用は無理です」と言われても気にならない世間になっていたかもしれません。お金のストレスがなく、幸せで笑っている人が多かったかもしれません。

　だから私は言います「トレードなんか簡単で、普通なことだ」と。
　私の場合、本当にトレードに向いていない人間だったので、勝てるようになるまでに相当な時間とお金、苦杯を要しました。
　だから甘い世界だとは言えません。しかし今は、本当に簡単なことだけをやって勝てているのが現実です。
　もちろん、「投資」をするわけですからリスクはあります。やりたくない人やFXに興味がない人に向けて「絶対やれ！」と強要しているわけではありません。そもそも「やりたい」気持ちがないとマーケットで勝ち残れませんしね。
　しかし、迷っている人に関しては背中を押して差し上げたいです。人はやりたいと思っていないことで迷いません。やりたいけど結果がわからないから迷うんです。しかし結果、つまり未来がわかることなんてありません。今は毎月

あなたに送金される固定給料だって、いつなくなるかわからない時代です。

　だったら、迷うなら、やりたいんならやったほうが絶対にいい。と私は思うわけです。

■なぜ「勝ち方」を人に教えるのか？

　これはよく聞かれる質問ナンバー１でしょうかね（笑）。

　「自分で稼げるなら教える必要ないじゃん」と。確かに、お金を得ることが目的であれば、わざわざ人に教える必要はないです。自分だけでひっそりトレードする方がよっぽど効率的です。

　ただ、トレードでは「自分を律する」ことが超重要となります。まったくトレードに向いていない私のような人間であるなら特に……。だからはじめは「人に教えることで自分を律することができるのでは」という気持ちで少人数にＦＸを教え始めました。予想どおり確かに効果がありました。アウトプットすることで自分の理解度が跳ね上がりますし、心理学でいうところのラベリング理論の恩恵も得られます。

　ただ、今の私はアウトプットラベリングによって自分を律する必要性はほとんどありません。

それでも今なお人数は増え、本当に多くの方に学んでいただいているのはなぜかというと単純に「楽しいから」です。

　腑に落ちませんか？　でも少し考えてみてください。

　私なんかまだまだ青い、勉強中の未熟者です。それでも、その方からすれば息子のような年齢である私に対して、涙を流しながら「先生のおかげで救われました。ありがとうございます」と会いに来てくれる方がいます。

　まだまだ若いこれからの子が「夢が持てました。利益が出せるようになって希望にあふれています」キラキラした目で話してくれます。出会った時は疲れた印象だった方が、「チャートを見て成長していく自分を感じ、毎日が楽しいです！」と生き生きした顔で会いに来てくれます。

　家業継続の困難に直面しながらも、トレードで利益を出し前を向いて歩き出せた方がいます。セミナーを催せば「今週分のトレード利益で来ましたよ〜」と全国から笑顔で私に会いに来てくれる方、上げればきりがありませんが、私との出会いがキッカケで今、喜んでいる方が、たくさん増えました。

　私が自身のトレードの向上のために勝手に始めたことで、これだけの「ありがとう」をもらい、私に関わったことがキッカケで、その方々の生活に笑顔が増えている。これって私にとってすごく価値のあることです。ひっそりと

孤独にトレードを続ける人生だったら、得られない経験です。これが楽しくて、嬉しくて私は今も FX を人に教えているのです。

　ちなみに私は、お金を稼いでいる人はそれだけ人を喜ばせている人だと思っています。なので、世界で一番お金持ちな人は世界で一番人を喜ばせている人だというのが私の持論です。
　これでいうと、トレーダーって、誰も喜ばせてないんです。そのため「トレードは生産性が無い」と言われることもあります。
　しかし、私と一緒に学んでいただいて勝ってもらい、ありがとうを頂くことで、笑ってもらうことで、私が私である幸せを得ているのかもしれません。

■この本を手に取ったあなたは

　おそらく、「このままじゃヤバいことに気づいてなんとか奮起しようとしている人」なのではないでしょうか。あるいは、「これまで何もうまくいかずに、なんとか人生を変えたい人」、「本業だけでは稼ぎが足りないから、何か副業で収入を増やしたい人」かもしれません。

タイトルの「FX」に目を惹かれたのであれば、

「FX の世界に飛び込んだはいいけど、手法探しの旅に迷宮入りしてしまっている人」

「FX で勝つために本当は何をやればいいのか知らない人」

「これまで資金を溶かし続けて今のままやってても勝てないことがわかっている人」

「何をすれば勝てるかわかっているつもりなのに、毎月負け越している人」

といった投資経験者なのかもしれません。

いま挙げた悩みは、全て私が経験してきたことです。私はトレードにものすごく向いていない人間だったので「相場で本当に大切なことは何か」がわかるまでものすごく時間とお金が必要だったのです。

本書では、私が膨大な時間、お金、苦杯を賭けて手に入れた「失敗という財産」から得られた勝ち方をお話しし、私のように遠回りをせず、あなたに勝てるようになっていただくことを目的とします。

■まず、教科書は捨てろ

インターネット、書店、どこを見ても FX の教科書があふれています。

教科書には正しいこと、いや「正しいとされること」が

書いてありますが、相場の世界に「正しい」ことなどないと私は考えています。

例えば、有名なテクニカルであるボリンジャーバンド（BB）を開発したジョン・ボリンジャーさんは「BB は順張りに使うんだよ」と提唱しました。しかし、提唱通りに BB を順張りで使って破産している人間がいる一方、まったく反対の逆張りで使って成功している人間もいます。ちなみに開発者のボリンジャーさん自身も相場で破産しているようです。

さらに、最も多く使われているインディケータ「移動平均線」を広めたジョセフ・グランビルさんもやはり相場で破産しているようです。このことからも相場の「正しさ」がそれほどあてにならないとわかると思います。そこであなたが習得すべきは「正しいこと」ではなく、「勝ち方」なのです。

ゆえにこの本では、「正しいこと」ではなく「実際に勝てている私の勝ち方」を具体的にお届けします。

■ 〝FX とはなんですか？〟

こんな質問をされた時私はこう答えます。

「人生を大逆転するための、理想の人生を創るための大きなチャンスだ」と。

どんなに勉強ができなくても、なんの資格も持っていなくても、どんなに人間関係が苦手でも、これまで何も上手くいかずに、自分は不幸だと、ダメな人間だと思い込んでいるような人間でも、年齢や性別はもちろん経験も関係なく「今」、「即」始められる、唯一、万人に与えられた大きなチャンスがFXなのです。

■トレードは簡単

FXの「トレード手法」については、様々なところで目にすることができます。インターネット上で無料で公開されているもの、書店で数千円で購入することもできるもの、高額な教材やDVDもあります。

どれを見ても共通して書いてあることは「意志の強さが大事、参入者の9割が負けている、トレードは難しい」ということです。

しかし、私は常々「トレードは簡単だ」と言っています。

もちろん甘い世界じゃないし、確かに負けて退場する人間も多い世界です。しかし、難しいと考えるからいつまでたっても勝てないんです。勝っている人間がやっていることは本当にシンプルなんです。

第1章

FXとは
あなたの人生を変える
大きなチャンス

私はよく自分の生徒に「FX は簡単なんです」と話します。私が言う「簡単」とは「楽」とか「甘っちょろい」という意味ではなくて、「シンプル」といった意味合いです。一流のピアニストは難しい楽曲をいとも簡単に、自然に弾きこなしますよね。

　トレードも同じです。もちろん初めから簡単にできることなんかありません。しかし、情熱をもって続ければ必ず「簡単に」できるようになります。別に、100m を 10 秒で走れとか、東大受験に合格しろと言っているわけではないのです。

　実際にやることはただ、「一定の条件、規律をもってマウスをクリック」するだけなんです。むしろ、簡単に自然にできるようでないと、勝てないんです。この章ではなるべく初心者の方でも理解できるように、相場との向かい合い方をお伝えしていきます。

■自分の力で稼がないと生きていけない時代

　財界総本山である経団連の会長や、日本のトップ企業・トヨタの社長が、「終身雇用はもう無理」と発言したことが話題になりました。金融庁も「年金だけじゃ生活できなくなるから投資しなさい」と指南書を出しました。何をいまさら……という話ですよね。実際にメガバンクや大手企

業では、45歳以上の社員にリストラの嵐が吹き荒れています。さらに副業を解禁する大手企業も増えていて、会社からは「もう、あなたたちを満足に食わせていくことはできません」というメッセージが往々にして出ているのです。

就職氷河期世代の人なんて、ずっと苦労して頑張ってきたのに、いざ40代になったら会社から放り出されて、悲惨としかいいようがないです。この事から学ぶべきは、「国や会社に依存した生き方をしていると、都合よく利用されて終わってしまう」ということです。

言い方を変えれば、やりたくもない仕事を我慢して安い給料をもらう生き方の価値って、めちゃくちゃ暴落中で、今後も価値が下がっていきます。

私がやっているFXは、PCとWi-Fiがあれば世界のどの国にいてもトレードできます。会社がどうなっても大丈夫だし、もっと言えば日本が無くなってもなんとかなります。さすがに隕石でも落ちてきたらダメでしょうけど。ともあれ、サラリーではなく、自分自身で稼ぐ能力を身につけることができれば、人生はどれだけ楽しく、豊かになるでしょうか。その手段として私が最も合理的だと思っているのがFXなのです。

■不動産会社社員から見た不動産投資

　サラリー以外に稼ぐ能力が必要だといいましたが、私は宅建士の資格を持ち不動産業の経験も長いです。「それなら、不動産投資はどうだ？」と思う方もいるかもしれません。不動産投資に対して、「FXより認知度があるし、安定してそう」という印象を持つ人もいることでしょう。結論から先にいうと「多くの人が、まだそのステージにはいない」という理由でおすすめしません。

　もちろん、不動産には不動産の良さもあるのですが、FXと比べると利回りが低すぎると言わざるを得ません。何より、投資をするために必要となる資金が違いすぎます。しかも今は某銀行の不正融資が世間を騒がせた結果、銀行から融資を受けるハードルがものすごく上がっています。年収1000万円を要求されたり、自己資金が数千万円ないと不動産投資のスタートが切れないケースもあります。これでは誰にでもおすすめできる投資とはいえません。その意味ではFXなら10万円を用意できれば誰でも挑戦権を得られます。チャンスとしてはFXのほうが断然大きいのです。たとえアルバイトや無職でも口座は無料で作れますし、最低限の資金を作れたら誰でも挑戦することができる

のですから。

　「不動産で人生変える」のは、よっぽどの運やよっぽどの資産がないと、難しいでしょう。23区内でネット利回り5％にも届かない状況なので、物件を持ったとしても余裕が出てくるのは何十年も先の話です。ですので不動産投資は、資産のない人がこれから大きく稼ぐための「攻め」の投資ではなく、すでに資産を持っている人が、「守りのため」にする投資といった印象です。
　不動産業界歴の長い私からしても、「不動産投資は、FXで儲けてからやっても遅くはない」と考えます。FXで稼げるようになれば、次は税金の悩みも出てくるので、その時に節税目的で物件を持つくらいで丁度よいでしょう。

■本を読めばFXで勝てるのか？

　「織田先生はFXで勝てるまでに、どんな本を読みましたか？」
　生徒からこんな質問をされることがあります。恥ずかしい話ですが、ろくに勉強をしてこなかった私は、偏差値32の頭脳の持ち主なので読書習慣というものがまったくありません。なので「勝てるようになるまでには特に本は読んでないです」としか答えられないのです。だからこう

して私の本を読んでくれている皆さんは、めちゃくちゃ気合入ってると思います。

本は読んできませんでしたけど、かわりに私には相場に対する情熱はめちゃくちゃありました。「好きこそものの上手なれ」じゃないですけど、かなりの情熱を注げたからこそ FX で成功できたのだと思います。

FX は、年齢、性別も関係なく資格もいらずに、人生を逆転できるほどの額を稼ぐチャンスです。多くの人にその可能性に気がついてほしいと思って、読書嫌いだった私が頑張って本を書いているわけです。

繰り返しますが、FX とは「人生を大逆転するチャンス」です。例えば多くの人が考える、「いい人生」とは、良い大学に入って、良い会社に就職することや、医者や弁護士のような難関資格を取って社会的地位を得ることだったりします。しかし、今からあなたが難関大学に入って資格を取って医者や弁護士を目指せるかというと、現実的ではないでしょう。年齢やお金、勉強時間などいろいろな問題があります。

しかし、FX なら今すぐチャレンジできます。FX の世界では偏差値、年齢も資格も関係ありません。資格が無いから稼げないという世界でもありません。

そして、お金を稼げるようになると、時間の過ごし方が大切だと気がつくようになります。それは時間は人生において有限だからです。「どれだけ稼いだか」よりも「どれだけ楽しく、幸せな時間を過ごしたか」のほうが価値があると、私は思います。だからFX講師という活動をしているのです。

　くよくよ悩む人は、「やって後悔したくない」と悩みます。しかし、私は言いたい。
　「どっちを選んでも結果はわからないんだから、やりたいことをやったほうが断然いい」
　と。結果に直結するのは、「何を選んだか」ではなく「選んだあとどうするか」です。そしてやりたいことを選んだのであれば、あなたはきっと選んだあと頑張れるはずです。
　また、あなたがもし「迷っている」のであればそれはやりたいということです。
　端からやりたくないことで人は悩みません。
　「やりたいけど、やってどうなるかわからない」から迷うんですよね。
　なので、やりたいことをやればいい。迷うならやればいい。

　私はこの本で、稼ぎたい人にFXをすすめるわけですが、何も人生においてFXが絶対的に正しいものと思っている

わけではありません。多くの人の命を救う人生に意義を見出すなら、医者になればいい。世の悪に対して正義を貫きたいなら、弁護士になればいい。何よりも絵を描くのが楽しいなら絵描きになればいい。しかしあなたが「お金を稼ぎたい」と考えているのであれば、FX が最も合理的であると私は考えます。

「FX とはあなたの人生を変える大きなチャンスである」ということを忘れず、この本を読み進めてほしいです。

■ FX に偏差値はいらない

FX をするのに、偏差値、学歴、資格といったものはまったく必要ありません。むしろ偏差値は邪魔なくらいです。これは私が偏差値 32 で、頭のいい人に嫉妬して言っているのではなくて、高偏差値の人は妙にプライドが高い人が多いので、市場で全然勝てなかったりするのです。勝つのはいつも決まって、「素直な人」です。

以前私はこう言われたことがあります。

「たくさん勉強をして、国家資格をたくさん持つような東大卒の投資家が負けている世界で、お前みたいな高卒が勝てるわけない」と。

まぁ、普通こう思いますよね（笑）。しかしこう考える9割の普通の人たちもまた、涙を流して退場する FX とい

うリングで私は立ち続けられています。

　実際、私なんかよりずっと頭のいい人が、正しい〝とされる〟ことが書かれている本をたくさん読み込んで、〝正しいとされる〟知識を身につけて、マーケットに参入しますが、9割が退場していきます。「俺は正しい、間違ってるのは相場のほうだ」と言いながら。

　彼には何が必要だったのでしょうか？　それは正しい知識ではなくて、「相場に正解なんかない」という事実を受け入れることと「勝つまで諦めない」執念に近い情熱なんだと思います。

　私はボクシングの世界チャンピオンを目指していましたが、結局なれませんでした。なぜ世界一になれなかったのか？　ボクシングの世界チャンピオンって「世界で一番ボクシングが好きな人」だと私は思っています。世界一好きだから世界一練習します。

　逆に世界一になれなかった、私を含む大多数の人たちは、「世界一になれるくらいの練習をするほどには好きでなかった」やつらなんです。

　勝てないままで終わることを選んだ、諦めた人たちなんです。諦めがつく程度の「好き」しか持っていなかったのです。

　これはボクシングに限ったことではなくて、他のスポー

ツや仕事、それこそ相場にも当てはまる考え方だと私は思っています。

　私は、オンラインカジノやBO（バイナリーオプション：為替金融商品の一種）をやってきました（詳しい経緯は終章をご覧ください）。

　そのカジノやBOで勝てるようになるまでですが、給料のほとんどを入金していたことがありました。同世代は稼いだ金で美味しいものを食べたり、楽しいことをしている時も、私は家賃以外の金はすべて投資資金に回していました。要は勝てないから追加入金するんですけど、正直キツいです。

　そこで頭の良い人や、それほど相場が好きじゃない人は「ああ、私には向いていなかったんだな」と途中で諦めていたと思います。

　でも、私は頭が悪くて諦めも悪いので、向いていないことは認めず、勝てるようになるまで諦めることができませんでした。

　勝つまで諦めなければ必ず勝ちます。勝つか、諦めるか、命尽きるかです。

　私は頭も悪く、投資において本当に大切なことに気づくのが遅かったので、勝てるまでに時間もかかりましたし、

お金もたくさん失いました。そんな経験をしてきた私が皆さんにFXの勝ち方を伝えるわけですから、どうか皆さんは私のように時間やお金を失ったり、辛く惨めな経験をせずにトレードで稼げるようになってほしいと思っています。

■勝つためには負けることが必要

　私はマーケットというリングに立つファイターなわけですが、先述の通り無傷で立っているわけではなく、結構ボコられているわけです。矛盾しているようですが、「勝つためには負けることが必要」と私は思っています。なぜなら負けることでしか、得られないことや、見えてくるものが多くあるからです。

　もし「勝ったことしかない」というトレーダーがいたら、「自分は負けることで得られる経験を持ち合わせてない」と言っているようなものです。
　ボクシングと同じで、一度ボコボコにされて、そこから強くなるものです。殴られることで相手の気持ちを知り、相手の殴り方を知り、何をすると殴られてしまうのかを知り、攻略できるようになるんです。負けて悔しい思いをして、それを乗り越えて強くなるのです。しかし、本気で挑まないとダメですよ。「本気の負け」は大きな財産となり

ます。

　FXでも、負けることで何をすれば負けるのか、何が大事だったのかを知るんです。

　だから私は自分の生徒には「私の財産である負けた経験も共有するので、そこから学ぶことで実際の負けを回避してほしい」と伝えています。

■ FX とカジノはどう違うか

　FXを始める前のカジノでは、ある時一方的に胴元から追い出されてしまいました。なぜならカジノの構図は、胴元 VS プレイヤーになってるからです。儲かっているプレイヤーはカジノからするとムカつく存在なのです。

　ではFXではどうでしょうか？　FXは基本的にプレイヤー VS プレイヤーの構図です。プレイヤーが儲かっているからFX会社が損するわけではありません（「呑み行為」もありますが、初心者には難しくなるのでここでは割愛します）。売買レートにスプレッドが存在していますが、ほぼゼロサムゲームといってよいのがFXです。しかも戦い方や、戦う・戦わないも全部自由に選べるのですから、これほど条件のいいマーケットで、リスク・リワード（損益）を自分でコントロールできる、これはカジノプレイヤーにはないエッジであり、非常に魅力的といえます。

■ FX のレバレッジを味方につけよ

　もう一つ、カジノにはない FX の魅力があります。それは「レバレッジ」です。レバレッジ（leverage）は「てこの原理」と訳され、投資の世界では自己資本を元本として資金調達を行い、自己資金以上の取引を行うことを指します。イメージとしては、自分のお金を担保に FX 会社からお金を借りてトレードしていると思ってもらうと、初心者の方でもイメージがつくかと思います。借金なのですが、返さなくてよいお金を借りている状態です。

　レバレッジを使うことで資金効率が格段に良くなります。国内の FX 業者では最大 25 倍、海外の FX 業者であれば最大約 1000 倍のレバレッジをかけることができます。よくバカの一つ覚えみたいに「ハイレバレッジは危険じゃないか！」と言う人もいますが、私はそうは思いません。

　例えば、レバレッジを使わない投資家が、投資に失敗して 250 万円を失ったとします。手痛い損失です。しかし、レバレッジ 25 倍で投資をしていた投資家は 10 万円の損失で済むからです。失うリスクを 10 万円に限定しながら、250 万円分の取引ができるのがレバレッジなのです。

　ここで投資経験がある人は「レバレッジをかけて追証が

発生したらどうするんだ！」と思うかもしれません（追証とは担保として追加する証拠金のことです）。しかし、海外FX業者であれば追証が一切無しの業者が多いですし、国内のFX業者でも追証のリスクが少ないトレード方法を選ぶことで、リスクはコントロールできます。リスクとは避けるものではなくて、コントロールするものです。リスクをコントロールすることで最大損失額＝口座の入金額が実現できれば、レバレッジがかかっている状態でも損失が限定されて安全となります。

　基本的に、すでに資金が何億とあるトレーダーであれば、ハイレバレッジの必要性は低いです。しかし多くの人が少ない資金からスタートすると思いますので、資金効率が良いレバレッジを使わない手はないし、そのほうが合理的というのが私の考え方です。

■サラリーマンにこそ向いているトレード方法

　ひとくちにFXトレードと言っても、そのスタイルは様々です。トレードの時間軸ひとつでも、

・スキャルピング（超短期）

・デイトレード（短期）

・スイングトレード（中長期）

などのスタイルがあります。

　スキャルピングとは数秒から数分、数十分といった短い時間で利を積み重ねていくトレードスタイルのことで、長時間 PC と向き合う必要があり、時間がある人のほうが有利なトレードスタイルです。この本を読んでくれている人は、サラリーマンや平日何らかの仕事をしている人が多いと思います。私がそんな方におすすめしているのが、デイトレードです。

　「え、私は日中仕事で忙しいから、デイトレードなんて無理だよ」と思うかもしれませんが、為替市場は 24 時間開いているのがいいところです。そして忙しい人でも、「本気で稼ぎたい」のであればさすがに 1 日 1 時間くらいの時間は作れるはずです。1 時間あれば十分にチャートを見ることができます。

　FX では、あらかじめ建値と同時に利確、損切りの値段を設定した状態で注文する方法（OCO 注文といいます）が使えるので、一度決めてしまえば、ずっと PC に張り付く必要はありません。つまり 1 日 1 時間程度の時間が作れる人なら、1 日分以上のトレードができてしまうということです。そしてチャートを見ないということは、「感情に任せた無駄なトレードをしなくて済む」ということでもあります。「サラリーマンはデイトレードに向いていない」というのは、古い常識だと思ってください。

コラム：何もしないのがリスクになる時代

　我々は日本国の「貯金しなさい」という風潮の中で育ってきたので、貯金することが絶対的に正しいと思い込んでいます。

　これは約 70 年前、戦争でお金を使い果たした日本国による国のために作られた貯蓄増強中央委員会 (当時の日本で唯一個人の資産形成に関わる組織) による洗脳だと私は考えます。

　「貯金しないと将来危険だ」「貯金こそ正義だ」「貯金は素晴らしい」こうして集められた国民の貯金は、国が建設、化学、インフラ、あらゆることに「投資」することで、日本は世界的にも稀に見る高度経済成長を成し遂げました。私も当時の白黒写真を見たことがありますが、あの焼け野が原からこの平和な現代を創るとは、本当にすごい、すごすぎると思います。この成功体験があるからこそ、この国は現代においても「貯金すべき」という風潮が蔓延しているのです。

　ちなみに当時は国民に「国のための貯金である」という意識もあったようで、その金利水準は 5% 程度でした。1000 万円預ければ 1 年で 50 万円増えていた時代だったのです。国のために「貯金してあげている」のであれば配当がもらえて当然という時代でした。しかし、今はいくら貯金しようが金利はほぼ 0% です。これは国民の意識が「国のための貯金」から「自分のための貯金」に変わったことで、まかり通っているのです。かつて日本国が国民からお金を集めて自国のために「投資」したことで高度経済成長を遂げたように、今度は我々が自分のために「投資」し経済成長を遂げるべき時代が来ていると思いませんか。

第2章

億を稼いだ
トレード手法の全貌

ここからは、いよいよ私の FX での勝ち方のエッセンスを公開していきます。

　私がこの章の読者として想定しているのは、「相場に勝てないで悩んでいる中級者」あるいは「初心者だけど何が何でも人生変えたい、意欲のある人」です。

　こういった人に向けて書いているので、ある程度相場に関する用語も出てきます（極力使わないようにしていますが）。

　もし、この章を読んで、内容がすぐ理解できない人がいたとしたら、そこは死ぬ気で食らいついて用語を調べるなりして理解してほしいです。

　あなたはおそらくスマホをお持ちだろうし、そのスマホはインターネットにつながっているのだから。

　人生が変わるチャンスが眼の前にあったら、私なら死ぬ気で調べます。それではいきましょう。

before..

after!!

1.
マーケットは人間が売買するから変動する

■マーケットの原理原則

　これから書くことは、テクニカル分析においてものすごく重要なことになります。

　「なぜマーケットは動くのか？」

　この問いに対して、読者のなかで瞬時に解答できる方がどれくらいいるでしょうか。

　なぜこんな問いを私が投げかけたかというと、「勝率〇〇％」「絶対に勝てる必勝法」「楽して稼ぐ裏技」等の文句に目を惹かれているうちは、一生答えにたどり着けない問題だからです。

　世の中のFXの書籍やインターネットの情報では、あたかも必勝法であるかのように、ボリンジャーバンドやMACDなどの様々なインディケーター、つまり「実際の観測値（レート）にわざわざ複雑な計算を施したテクニカル指標」に頼り切った手法を紹介している。

　しかし、ボリンジャーバンドが3シグマにタッチしたから、相場は売られるのだろうか？　MACDがダイバージェンスしたから、そろそろトレンドが反転するのだろうか？

　そうではありません。相場の本質はそこにはないので

す。だから先ほど挙げたテクニカル指標が何かを、まったく知らない状態でも別に問題ありません（私が述べる本質を知ったうえで、さらに勉強のために知るのはいいことですが）。それでは、先ほどの問いの答えはこうなります。

マーケットは「人間が売買するから変動する」のです。

「そりゃそうだろ」つまらないですか？ しかしこれが江戸時代の米相場からずっと変わらない原理原則で、株式、先物、暗号通貨、相場が存在すればスーパーマーケットやメルカリにおいても不変です。人は昔から今の今まで変わらず「安く買って、高く売りたい」し、「利益は確保したくて、損失は避けたい」と考えています。そして予言しておくと、100 年後の人類もやはり「安く買って、高く売りたい、儲けたい、損したくない」と考えるはずです。この本質は FX に限らず、株式や暗号通貨、ありとあらゆるマーケットの根底にあるものです。だからここで我々は「人はなぜ買うのか、なぜ売るのか」、つまり「投資家心理」について考える必要があるのです。

江戸時代の米相場や綿相場でも、はては現代の暗号通貨相場でも、人は常に「安く買って高く売りたい」と考えると話しました。では、望み通り相場が高くなって利益が出たら、人はどう動く（考える）のか。「今のこの値段から

下がって利益が減ってしまうのは嫌だ。なるべく早めに売って、利益を確保したい」あなたもこう考えるのではないでしょうか。

　逆に、買ったものが期待に反して安くなったらどう思うか。「ああ、やばい。どうにかしてまた高くなってほしい。プラスになんてならなくてもいいからせめて損はしたくない」こんな感じで祈ることでしょう。この「人間心理」は古今東西不変であり、江戸時代の米相場から、現代の株、FX、暗号通貨でも、近所のスーパーマーケットの問屋さんでも変わらない、このことこそがマーケットの本質なんです。

　だからこそ、かつて江戸時代に、米相場で儲けるために考案された「ローソク足」や、その戦法である「酒田五法」が数百年たった現代でも銘柄、金融商品問わず世界的に広く使われているのです。

　同様に1世紀以上も前に株価分析のために考案された「ダウ理論」が、現代でも当たり前のように為替レート分析、暗号通貨分析に使われ、テクニカル分析の基礎とされています。技術や経済が大きく発展して、たびたびマーケットの環境が変わっても、なぜこれらの古典のようなテクニカルが色褪せず使われ続けているのか。それは私が強く主張している通りマーケットの根底にある本質が不変だからなのです。

〈図1〉

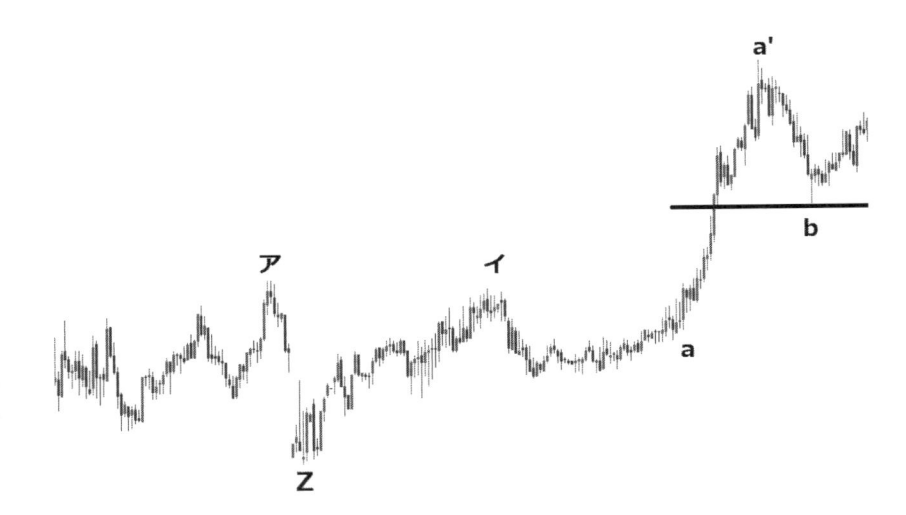

　私たちはこの「相場の本質」をしっかりと捉え、戦わなければなりません。

　上の〈図1〉を見てください。

　2019年4月のUSDJPYのチャートです。

　ちなみに、「買主」は私独自の言い方です。「買い勢、売り勢」が最も一般的な言い方だと思いますが、独自の言い方で通します。

　a'値点ではaでの買主たちの喜びの利確により下がり出

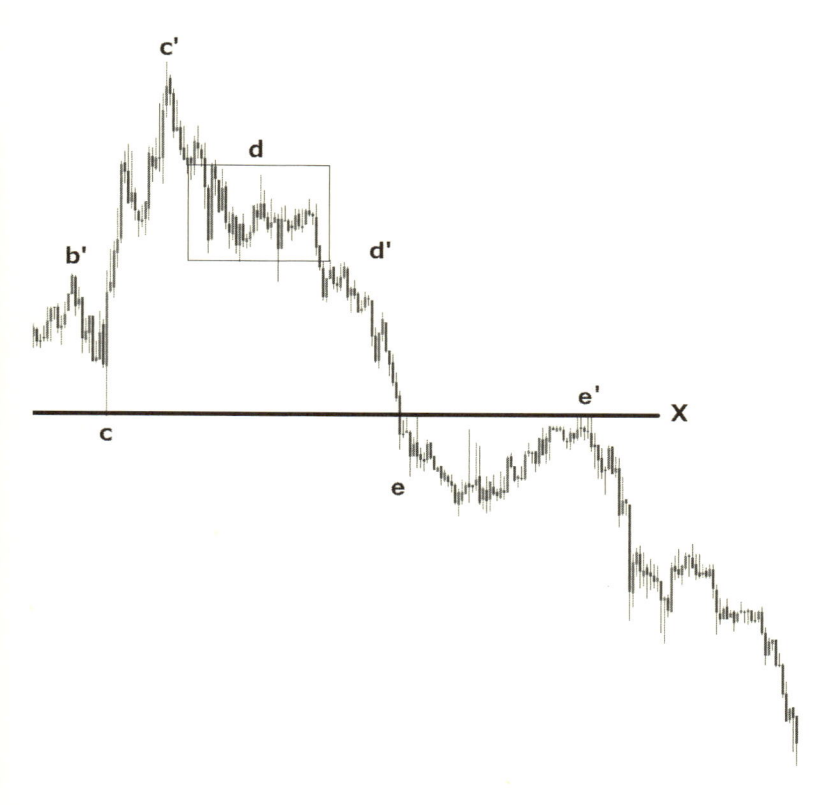

しました。そしてb値点になると「まだまだ上がる」と
押目買いを狙って新規買主が参入するが、ここで新規買い
したあなたは、どこを目指しますか？　多くの人が直近の
高値であるa'値点をまず意識するでしょう。予想通り、b'
値点ではb値点の買主による利確が入り、チャートが下が
り出しています。

　このb'ではダブルトップ（レートの転換を示唆する

チャートパターン）の形成を夢見る投資家が「直近安値であるb値点までは下がるだろう」と新規売主も参加してくるでしょう。

　そしてc値点ではa'、b'での売主の利確、つまり売りポジションの返済買いによる上昇、さらに新規買主の参入で上昇し、直近高値を更新し、c'高値をつけています。

　c'ではこれまでの買主により利確が入り下がります。すると、dの辺りでは「これ以上下がる前にそろそろ決済してしまおう」というc'値点までの買主の利確による下降と、c'からの売主によるa'b'を気にした「とりあえず利確」による上昇、またこのc'からの下降を見て「トレンド転換するぞー！」と見た新規売主や、「ちょうど良い具合に押し目が入ったな」と新規買主も入るだろう。そんな投資家心理により形成されるのが、〈図2〉の四角で囲ったdレンジです。

　買いと売りの勝負の末、売主側が勝ち、d'からの下降となります。そしてd'から始まった下降は、これまで底値のサポートとして意識されていたb

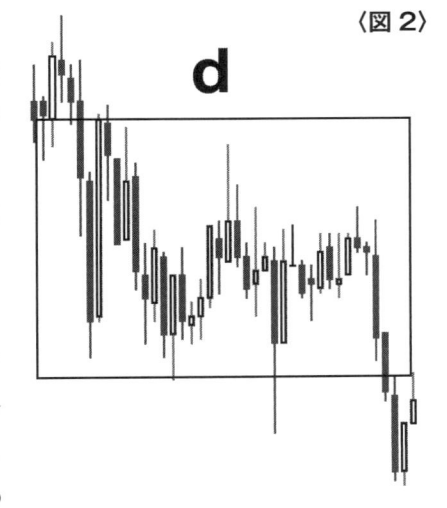

〈図2〉

やc（Xライン）をブレイクしています。

　この時あなたならどう思うでしょうか？　bやcで買っていた投資家の気持ちになって考えてみてください。

　b、cで買っていたあなたは、その後のc'高値やdレンジを見ても利確せずに「まだまだ上がるだろう、損失は出ていないし大丈夫」と保有していたわけですが、とうとうサポートラインを割ってきて損失が出始めています。さぁ、どうする？

　「損小利大が大切なんだ！　すぐに損切りするぞ！」と、スパッと決済できるでしょうか？　いいえ、多くの人は「まだ大丈夫、そのうち戻ってくる。最安値Zをブレイクしたわけではないんだからまだ上目線でいいんだ！」と損失を受け入れられず、根拠のないお祈りと正当化の偏見でポジションを保有し続けます。これが「普通の人間」なんです。

　さぁ、いよいよクライマックスです〈図3〉。

　チャートのeの下降に直面しながらもあなたは「また戻ってくる！なんとかなる！」とギリギリで己を保ちながら、確実に損失は増えていくとてもつらい状況です。

〈図3〉

　しかしこのあとで、やっとこさ上昇の兆しを見せます。c以降の売主が過去の

高値であるアやイを見て「過去意識されている値だから、この辺りで再び意識されるかも」と思い利確してきたのでしょう。

　そして買主の念願かなって e' に到達します。今まで損失を抱え、「どうしよう、どうしよう」と焦っていたあなたはどうしますか？

　・再び下降に転じて損失を被る可能性もあるが、ここから上昇トレンドが継続することを望み保有し続ける
　・やっとの思いで損失を回避できたわけだから、確実に損失のでない今、決済すべきだ

　きっとあなたは後者を選ぶことでしょう。
　そんなあなたの決済、つまりこれまで買主として含み損を抱えてつらい時期を過ごしたがゆえの「命拾い決済」により、e' で売られ、新規売主の参入と併せて下降が始まっていきます。

　この「命拾い決済」こそが俗にいう、「ロールリバーサル（レジサポ転換）」のメカニズムです。
　ロールリバーサルを例に出しましたが、その他のチャートパターンを含め全ての値動きの背後には、こうした投資家心理が作用しています。そして、相場を動かす大口投資家はこの大衆トレーダーの心理を逆手に取り、利を吸い上

げていきます。我々個人投資家は大口投資家に逆らって利益を出し続けることはできませんから、大口の餌となる大衆トレーダーの心理をしっかり汲み取りながらトレードする必要があります。

　このようにマーケットは投資家の心理がもたらす売買決済により変動し、それがチャートに描写されています。そして非常に残念なのが、その本質である最も重要視すべき投資家心理による売買をリアルに描写している「ローソク足」を見ていないトレーダーが多すぎるのです。

　繰り返しとなりますが、「ボリンジャーバンドシグマタッチ逆張り」、「MA パーフェクトオーダー順張り」、「MACDダイバージェンス逆張り」、「RSI 天底で逆張り」、「ストキャスティクスが …」、「BOP が …」など、インターネット上でよく見る、さも緻密な計算の上に成り立っている「勝てそうな攻略法」たちに、本質はありません。

　これらのインディケータは全て、ローソク足の 4 本値を基に計算されたものなのです。それにも関わらず、その基となるローソク足を見ないのは、相場分析ではなくただの「インディケータ分析」であり、まさに本末転倒、私に言わせれば愚の骨頂なのです。

　例えるなら、喧嘩もしたことがない男の子が、メリケンサックをつけ、金属バット片手にボクシングの世界チャン

ピオンに戦いを挑むようなものです。

　仮に強力な武器を持っていても、その使い方がわからず、使いこなすだけの技量と体力、経験と気持ちがなければ、それはただのお荷物であり、到底チャンピオンには敵うはずもなく返り討ちにされるわけです。

　まずはたくさん走って体力をつけ、毎日ボコボコにされながら気持ちと技術を訓練する。自分自身が強くなったうえで武器を使えば、その武器の威力を最大限に引き出せるのです。

　一番大事な「投資家心理」をリアルタイムで表してくれているローソク足があるのだから、まずチャート分析において知るべきは、「ローソク足」です。ローソク足の分析力が身につけば、「ボリンジャーバンドが今どんな形状なのか」、「MACD のダイバージェンスがどうか」こういった複雑なインディケータを一切使わなくても相場がわかるようになります。

　私の場合、インディケータは移動平均線しか使いません。ローソク足分析ができる人間にとって移動平均線は、ものすごく便利な武器となります。

　普段あまり他人に話さないエピソードなのですが、初期の私はなかなか FX で勝てず、「なんとかして勝ちたい」ともがいていた時期がありました。そこで、それまで愛用していた 8 つのインディケータと 7 つのオシレータを全て捨てて、ローソク足だけの裸チャートで分析に切り替えた

ことで、真のテクニカルトレーダーへの一歩を踏み出せたのではないかと思っています。

「本気」で、何をおいてもトレードで稼ぎたい気持ちがあるなら、あなたもまずはインディケータのパラメータ弄りをやめ、まずはローソク足分析つまり、投資家心理分析を習得してほしいと思います。

■織田式 FX トレードを公開

最初に言っておきます。「勝ってる人はとてもシンプルな手法で勝っている」という事実があることを。当然、そこに至るまでに勉強や多くの苦を味わっているのですが、最終的にはごくごくシンプルなものに落ち着くのです。だからここで私の非常にシンプルな勝ち方を、あなたにお伝えします。

■多くの人が、「勝率」を誤解している

多くの人は勝率を「この先勝つ確率」と思ってますが、実際には「過去に勝った割合」にすぎません。これを誤解して「今から勝つ確率」だと思っている人が多いと感じています。

過去にどれだけ勝っていても、未来に影響する計算式は立ちません。これまで勝率9割だった人が明日も9割で勝てる保証はありません。これらの理由から「勝率」だけにこだわっている人は相場で勝てない、が私の持論です。

　何にこだわれば相場で勝てるか、それは、本書を繰り返してお読みくだされればと思います。

■バフェットも使う？　最も適切なエントリー金額とは

　いよいよ私のFXトレード手法を解説するわけですが、じつは手法以上に大事なことがあります。

　「おいおい、何言ってるんだ。早く勝ち方を教えてくれよ」と思うかもしれませんが、本当に重要なので、あえて今ここでページを割いて解説させてください。

　手法より重要なものは、ズバリ「資金管理」です。資金管理については、本やネットを見ても「重要」との声が多いし、私もこれに異論はありません。

　資金管理は本当に奥が深くて、絶対の正解はありませんが、私は「勝率と照らし合わせて考えるのが重要」と考えます。それにはまず、自分の勝率を知ることが重要となります。

　例えば50%の確率で勝つことを想定する場合と、80%の確率で勝つことを想定する場合で「RRR(リスク・リワー

ド・レシオ）」が同じではおかしいので、比率を変更するのが賢明です。

ここで初めて出てきたRRRとは、「利確と損切の比率」と考えるとわかりやすいです。

「1万円の損失が出たら損切決済、2万円の利益が出たら利確決済」というトレードであれば、RRRが1：2のトレード。つまり、リスクが1に対して、リワードが2というトレードになります。

例えば勝率50%、RRRが1：2のトレードを行った場合、想定できる結果は次の通りです。

2万円×5勝 － 1万円×5敗＝5万円の利益

次に勝率80%でRRRが5：1のトレードだと、

1万円×8勝 － 5万円×2敗＝－2万円の損失

となります。このように、一見有利そうに見える、勝率80%のトレードは損失に終わり、勝率50%のほうが利益を残せています。

基本的にRRRが負1：勝1より1：2、1：2よりも1：3と高くなるほど、利益確定に必要な値幅が大きくなるので、勝率は低くなりやすいです。

例えるなら、「道行く人とジャンケンして先に5人に勝ったら100円もらえて、先に5人に負けたら100円払う」のがRRR1：1の対決です。

これが、「道行く人とジャンケンして先に 10 人勝ったら 200 円もらえて、先に 5 人に負けたら 100 円払う」のが RRR 1：2 の対決です。

　報酬をもらえる（勝つ）確率は前者が高いですが、後者は前者より勝率が低くても利益は出るという関係です。

　なので「自分は 1 回のトレードでどれだけの値幅を狙うのか」と「どのくらい逆行したら損切りするのか」を決めたうえで、私の手法では RRR が最低でも 1：1 以上になるようにすることが重要です。この RRR は後ほど出てくるので覚えておいてください。

　次に、エントリー金額についてです。リスクにさらす資金の割合は、運用額の 2% まで、5% までなど（定率ルール）、様々なマーチン系（負けたらエントリー金額を増やす手法）、パーレー系（勝ったらエントリー資金を増やす手法）、等多くのレポートがあります。

　初心者は機械的に 2% ルールや 5% ルールを守るだけで問題ありません。

　しかし資金管理に絶対解はありません。資金管理については、ジョン・ケリーさんが提唱した「ケリーの公式」に基づくのが最も適切なエントリー金額であるという声が多く、あのバフェットも使っていると言われています。

　「ケリー基準」は、最も効率的に資金を増やす管理手法とされています。

　私がケリーを応用して実際に採用している資金管理手法

を、難しい計算式を抜きで簡単に説明すると、

f＝(利益×勝率)＋(損失×負率)／ オッズ (配当)

となります。f とは運用額に対するエントリー金額の割合のことです。実際に数字を入れると、

f ＝ (1000 × 0.8) ＋ (-1000 × 0.2) ＝ 600 ／ 1000 ＝ 0.6

つまり、勝率 80% で、リスクリワードが 1:1 の場合「自己資金の 6 割を投じろ」ということなのですが、私達は単純に数学をしているわけではありませんし、さすがに投じる金額が大きすぎます。そしてこれも「確率」の概念が使われているので、「勝率≠確率」と考える私としては、そのまま使うわけにはいきません。

そこで私はケースごとの見込み勝率と照らし合わせて決めています。

その日に出ている利益を全て使わず一定割合残す、というマイルールも設けていたりします。

結局のところ、定率管理でもケリー管理でも、マーチン系、パーレー系でも、正解はなく、「自分のトレードにおいては○○が最適」にすぎない話なのです。

ゆえにこのあと 4 章で紹介する「トレード日記」を作り、自分のトレードを知ることが必要不可欠と考えます。

まだ自分のトレードを知るまでに至らない初心者は、はじめは資金の 2 〜 5% で機械的にエントリーする定率エン

トリーを推奨します。

　そして肝に銘じておかなければいけないことは、「**我々は利幅をコントロールすることはできないが損幅は100% 自分で決められる**」ということです。

　エントリー後にチャートにかじり付いて右往左往している方がいますが、我々はエントリーした後にできることは、決済だけです。いくらあなたが祈っても、チャートは動きません。

　この損幅のコントロールこそが資金管理において、トレードにおいてものすごく重要なんです。

　「期待できる利幅」と「確定できる損幅」をトレード日記を基にあらかじめ決めたうえでエントリーしてください。

■一生のお願いだから
　これだけは覚えてほしいダウ理論

　この章の冒頭で、私は難しい理論は重要ではない、知っているからといって勝てるわけではないといいましたが、それでも一つだけ皆さんに知ってほしい理論があります。全世界の投資家が重要視している投資理論で、「ダウ理論」といいます。

　「理論」と聞くと難しく感じますが、私のトレードに必要な部分だけを簡潔に、偏差値 32 の私が世界一わかりや

すく解説するので、リラックスして理解してください。な
お、難しいと感じたら読み飛ばしても大丈夫なようにして
あります。

ダウ理論とは、1世紀以上前にチャールズ・ダウさんが
提唱した相場理論です。現在の相場がどうなっているのか、
値上がり傾向なのか値下がり傾向なのか、どちらでもない
のか、相場環境を認識するための理論です。

前提として、ダウ理論は6つの法則から成り立つ理論と
なります。しかし、現代のテクニカル分析においては「第
6法則が最重要」とされており、本書も同じスタンスです。

「ダウ理論」は「全てのテクニカルの基礎」と言われる
くらい重要で、現代でもダウ理論を基に、株や為替や暗号
通貨、商品先物もトレードされています。ちなみに1世紀
も前というのは、レバレッジもなかった時代です。そんな
時代に作られた理論が、現代のあらゆる相場分析において
基盤になっていることからも、私が繰り返し主張している
「相場の本質は変わらない」ことを証明しています。

では、ダウ理論の第6法則とはどのようなものか。第6
法則では「**トレンドは明確なシグナルが発生するまでは継
続する**」としています。

これはどういうことかというと、一度トレンドが発生す
ると、転換シグナルが出るまで、そのトレンドは継続する
ということです。

トレンドには上昇下降の2種類がありますが、

〈図4〉

ダウ理論第6法則 ～トレンドは明確なシグナルが発生するまで継続する～

上昇トレンドの定義：高値更新+安値切上
下降トレンドの定義：安値更新+高値切下

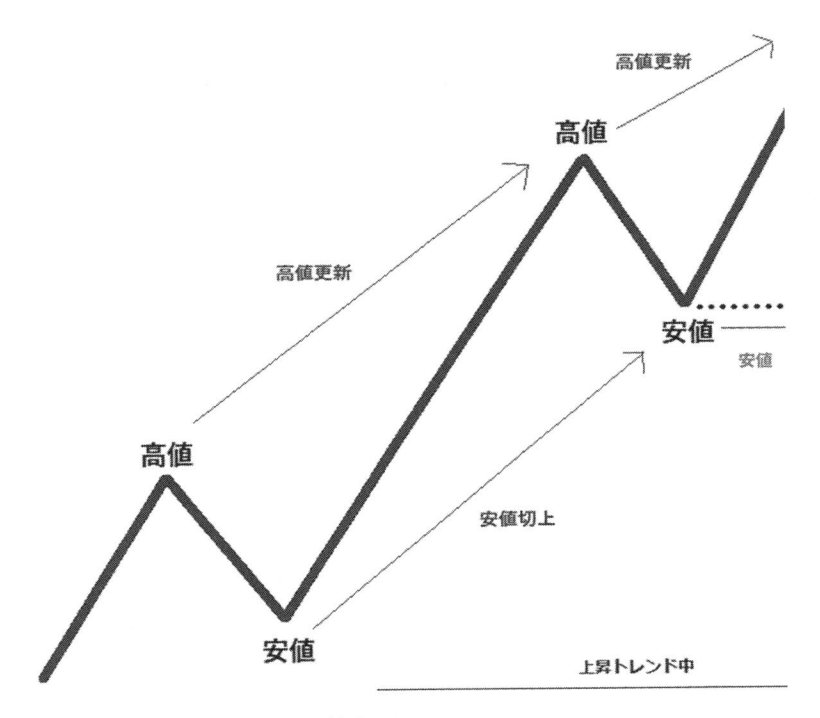

上昇トレンドの定義とは
①高値が更新されている
②安値が切り上がっている
状態です。
下降トレンドの定義とは
①安値が更新されている
②高値が切り下がっている

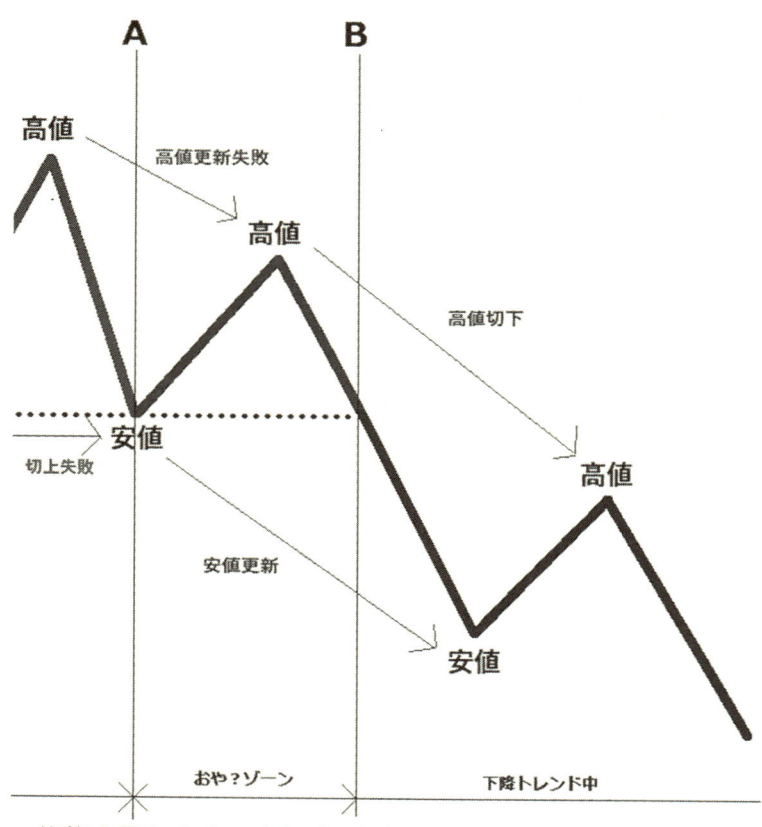

状態を指します。〈図4〉を参照してください。

　縦線Aまでは上昇トレンドが成立中です。縦線B以降は下降トレンドが成立中です。AからBの間は上昇トレンドの定義も下降トレンドの定義も満たせていない「おや？」のゾーンです。ちまたの情報では、この「おや？」ゾーンが抜けていることが多いのですが、「おや？」ゾーンを認識することでより正確な相場分析ができます。

〈図 5〉

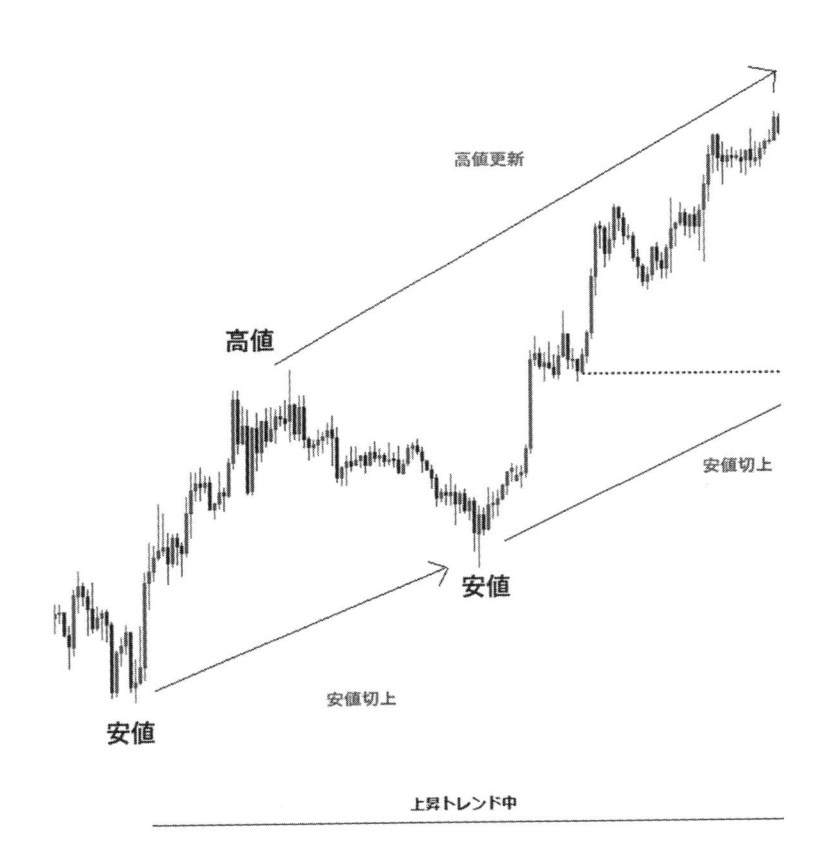

　実際のチャートで見てみましょう。

　〈図 5〉のチャートも前頁のと同じく、縦線 A までは上
昇トレンドが成立中です。縦線 B 以降は下降トレンドが
成立中です。A から B の間は上昇トレンドの定義も下降

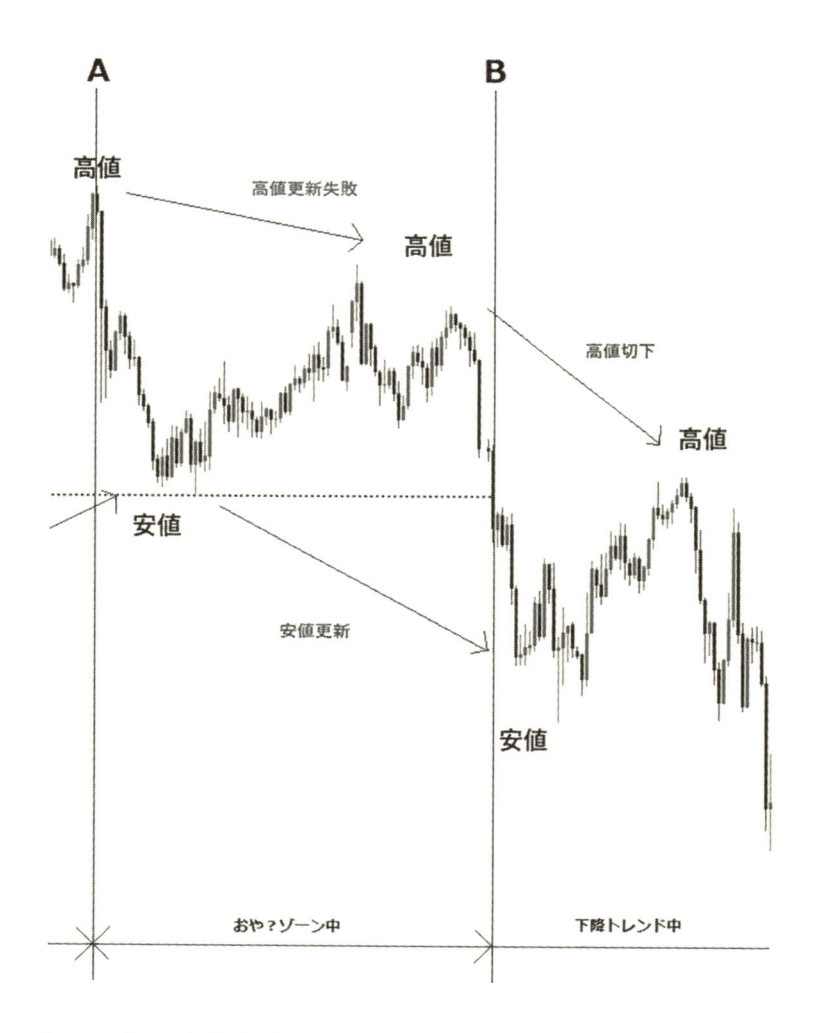

トレンドの定義も満たせていない「おや？」のゾーンとな

ります。

※注意点

「明確なシグナル」とは何か、提唱者のダウさんは定義

していません。現代では「上昇トレンドでは、高値を更新できなかったことと、安値の切り上げができなかったこと。下降トレンドでは、安値の更新ができなかったことと、高値の切り下げができなかったこと」を「転換シグナル発生」と解説されることが多いです。ダウ理論はしばしば「転換シグナルが出るまでの未来予測」のために使われています。しかし本書でのダウ理論は、「定義が継続している状態をトレンドというだけ」であり、あくまでも「現在の環境認識」のための理論というスタンスを取ります。

before..

after!!

2.
トレンドラインの本当の引き方

■何のためにトレンドラインを引くのか

　ここでは「投資家心理」を分析するための、私の分析手法の一つを共有します。そのためにまずトレンドライン（斜線）の使い方を覚えてもらいます。「トレンドラインの引き方くらい知ってるよ！」と思った人もいるかもしれません。それくらいトレンドラインはメジャーなテクニカルなので、すでに使ってる人も多いと思います。

　しかし、トレンドラインをきちんと使えている人は非常に少ない印象です。多くの人がやみくもにトレンドを引いて、「何のために引くのか」をしっかりと意識していないのです。

　実際、私がセミナーなどで「あなたは何のためにトレンドラインを引くのか？」と聞いても、多くの人が答えられません。

　一般的には、「斜めに引いてある、レジスタンスラインやサポートライン」として使う方が多いと思います。いわゆる「トレンドラインにぶつかったら反発を狙って〜」というやつです。しかし私はそのような使い方はしません。別にこれを間違いだとは言いません。じつは何のために引

いても、正解は無い＝間違いも無いというのが織田流の解釈です。

　相場は数学じゃないので、答えが決まっている問題ではありません。トレンドラインはあくまでも「道具」なので、あなたがどう使おうが私は構いません。ただ私の手法においては、「トレンドの勢いを知るため」の道具として使います。

□織田流トレンドライン引き方のルール

　引き方は簡単です。ダウ理論を理解しているあなたなら、「（ダウ理論の）トレンドが成立しているところに斜めの線を引く」だけです。本当に簡単なので、難しく考えないでください。

　〈図6、図7〉を使って説明しましょう。

　①トレンドラインは、先ほど説明した「ダウ理論」のトレンドが成立しているところに引く。

　②例題のチャートでは、前回高値（Y）を更新した高値（B）の起点となる安値（A）と、さらに高値（B）を更新した、高値（D）の起点となる安値（C）の2点以上を結ぶ。

□OKパターン

　この場合、トレンドが成立しているところにラインを引いているので、しっかりとトレンドの勢いを測るという目的を果たしています〈図6〉。

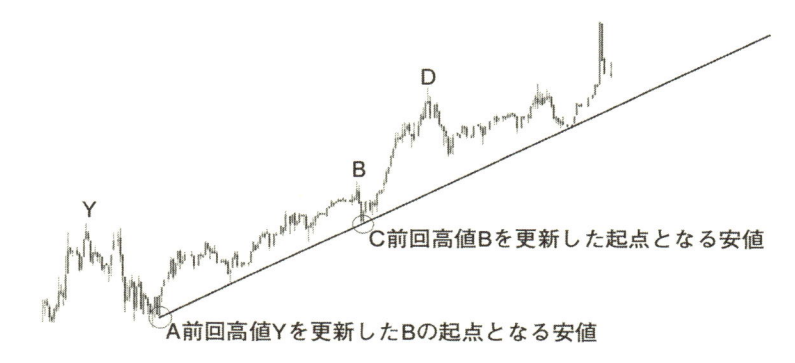

C前回高値Bを更新した起点となる安値

A前回高値Yを更新したBの起点となる安値

□ NGパターン

　高値Bに対して次の高値Dは上値を更新することができていません。よってトレンドが成立していない状態で、安値AとCを結ぶ線を引いても、その線ではトレンドの勢いは測れません〈図7〉。

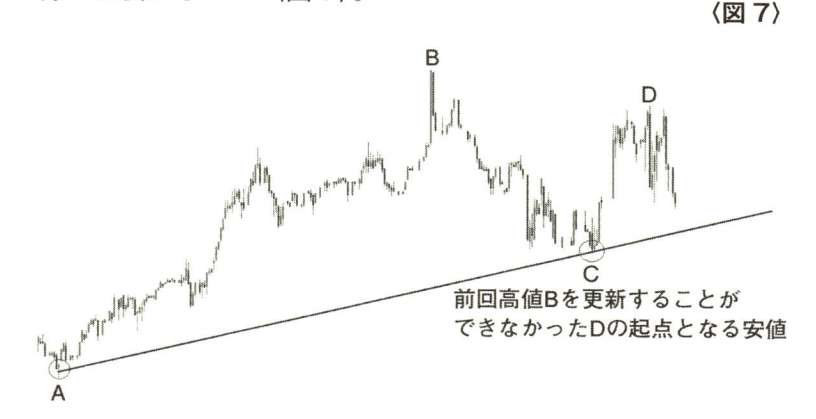

前回高値Bを更新することが
できなかったDの起点となる安値

　このように、まずは何のために引くのかを意識し、いかにすればその目的を果たすラインが引けるのかを考えると、自ずと答えが見えてきます。

■ラインはヒゲで引くのか、実体に引くのか問題

　トレンドラインを引く際の質問として多いのが、「ローソク足のヒゲに引くのか、それとも実体に引くのか」という問題です。これは永遠のテーマのように語り継がれますが結論から言うと、これも正解は無く、どちらかに固執する必要はありません。

ローソク足の名称

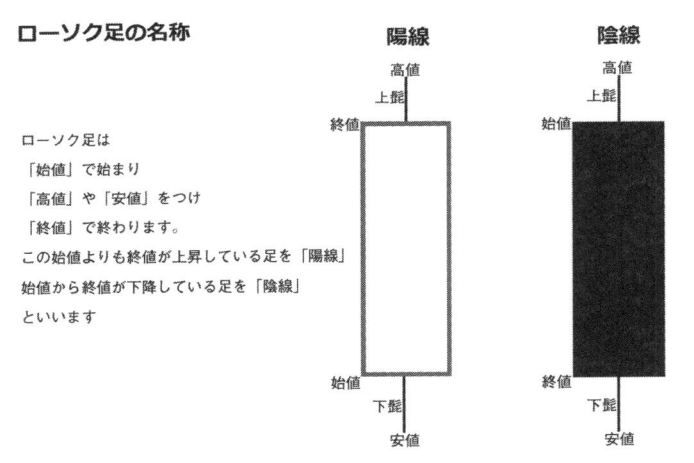

ローソク足は
「始値」で始まり
「高値」や「安値」をつけ
「終値」で終わります。
この始値よりも終値が上昇している足を「陽線」
始値から終値が下降している足を「陰線」
といいます

陽線

高値
上髭
終値
始値
下髭
安値

陰線

高値
上髭
始値
終値
下髭
安値

　トレンドの勢いを知りたいわけですから、どちらに引くのか迷った時は、
　①どちらがよりトレンドに沿ったラインを引けているか
　②どちらのラインがより多く意識されている値を通るか
で判断すればよいのです。

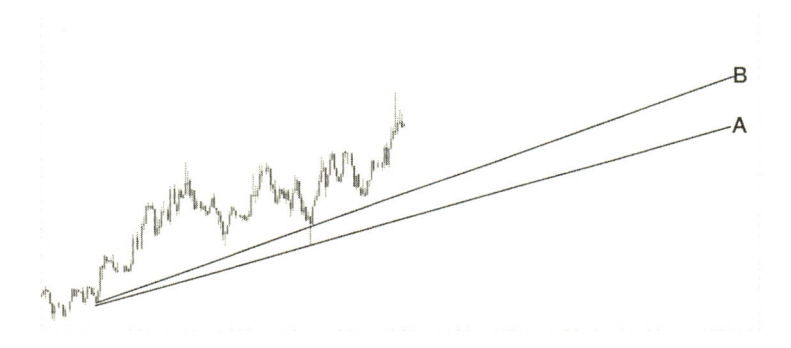

〈図8〉を参照してください。

　ローソク足のヒゲ先に引いたトレンドラインAと、ローソクの実体に引いたトレンドラインBの2つで迷う場面です。この時点ではどちらのラインが有効なのか断定するには足りませんが、Bのほうがトレンドの勢いに沿っているので、Bがやや優勢と見ます。

〈図9〉

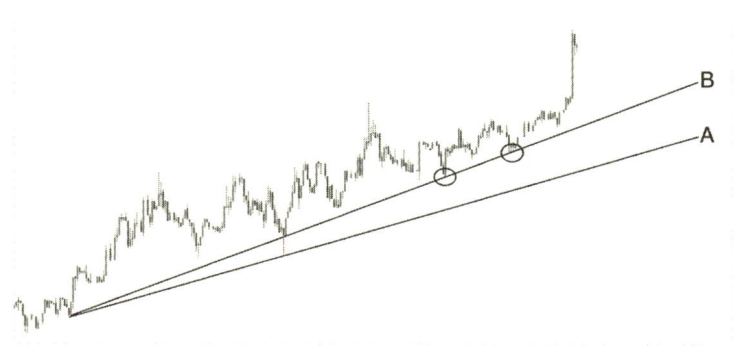

　そして、その後の推移を見ると、Bのラインでの反発箇所があり、やはり意識されているとわかります〈図9〉。

よって本ケースではBのトレンドラインを採用する、というのが私の使い方です。

〈図10〉

　さらにその後の推移を見てみましょう〈図10〉。○で囲ったBラインのブレイク前後でも、Bラインで小さく反発されており、トレンドラインが意識されているのがわかるため、Bのトレンドラインのほうが「トレンドの勢いを知る」という目的においては正解であることがわかります。

　この例ではたまたまローソク足の実体に引いたほうが良い結果となりましたが、もちろんヒゲで引いたトレンドラインが正解になることもありますし、実体とヒゲ、両方に引いたラインが正解となることもあります。
　臨機応変に、「なるべくトレンドの勢いに沿っていること」、「その後意識されていること」を考慮することで、より良いトレンドラインが引けるようになるでしょう。

3.
勝率 80% のシンプルトレード手法
(幸せゾーン必勝法)

これまでに紹介した、ダウ理論とトレンドラインを理解したのであれば、いよいよ私のトレード手法の核心がお伝えできます。必ず習得して、人生を大逆転させるべく集中して読んでください。本書では、背景にある難しい理論云々はなるべく抜きにして「最低限、これをやれば OK」な形で公開しています。非常にシンプルで簡単な方法ですが、これで人生が変わります。「人生を大逆転する」つもりで何度も読み込んでください。

まず、本書で紹介する手法で使うのは、先ほど紹介したトレンドライン 2 本だけです。

複雑な理論も、お飾りインディケータも必要ありません。

世の中には小難しそうな多くの「手法」とされるものが広がっていますが、勝っているトレーダーがやっていることはじつは非常にシンプルだと知ってください。

もちろん、ここで紹介する手法にも、背景には本質的な理論が存在しますが、それを説明すると長く深くなるのでここでは割愛します。逆に言えば、それを知らなくても、

あなたが勝てる状態にチューンしています。

　私はローソク足を1000万本以上見てきた経験から、たくさん見れば見るほど、世間では「ランダムだ」とされている値動きにも法則性があると感じます。「これ見たことある」「これは次にこう動く」とわかるのです。そしてその本質が投資家心理であることは本書で、しつこいくらいに主張している通りです。

　そして、1000万本以上のローソク足分析から私が得た法則を、初心者でもすぐ使えるようにした投資手法が「幸せゾーン必勝法」なのです。

■幸せゾーンとは何か

　チャートに引いた、2本のトレンドラインの間の領域のことで、私が名付けました。なぜ幸せかと言うと、確か生徒さんと勉強中に決まったのですが、それはまさに、「儲かるから」です(笑)。

　〈図11〉のチャートの現在値に注目してください。最新のトレンドの勢いを表すトレンドラインBが破られたので、直近のトレンドが弱まったと言えます。上昇の勢い

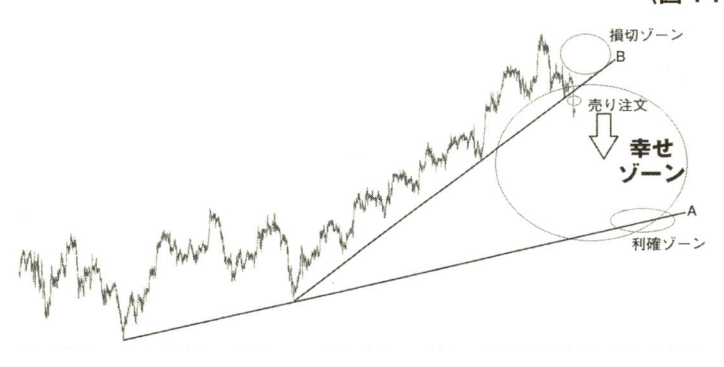

〈図11〉

損切ゾーン
B

売り注文

幸せゾーン

A

利確ゾーン

が弱まったということは、買っている人間が減った状態です。もしあなたが買主なら「トレンドが弱まった、利確するなら儲かってるうちに売ろう」と思うのではないでしょうか。その結果、買主の利確による売りが増えます。あるいは、「下げに転じそうだと、新規の売りで入って儲けよう」と考える投資家もいます。こうした投資家心理により売りの勢いが増すのです。

　このことから、売られやすい局面と考えます。そして最新のトレンドラインをブレイクしたのであれば、トレンド全体の勢いであるトレンドラインＡまではいきやすいだろうと考え、トレンドラインＢからトレンドラインＡまでの値幅を取るのが「幸せゾーン」を使った私の手法となります。

■トレードルール

① トレンドライン A を引く。これはトレンド全体の勢いを知るために引きます。

② ①で引いたトレンドライン A の内側にトレンドライン B を引く（A の内側に引くのでインナーラインとします）。トレンドライン B はより最新のトレンドの勢いを知るために引きます。

③ ライン A とライン B の間を「幸せゾーン」とする。

④ ローソク足がライン B を抜けて幸せゾーンに突入すると、そのまま素直にライン A まで到着しやすい。

この幸せゾーンの値幅を獲りに行くのが本書で公開する私の手法です。

ポジションを建てるルールは次のとおりです。

☆初級者向け Sell ルール。( ) 内は Buy の場合

建値：幸せゾーンに突入したらポジションを建てる

損切：直近高値 (安値) を更新したら損切りする

利確：トレンドライン A に到達したら利確する

投資経験者向けワンポイントアドバイス
ダウ的肯定 / 否定を味方につける。

〈図12〉

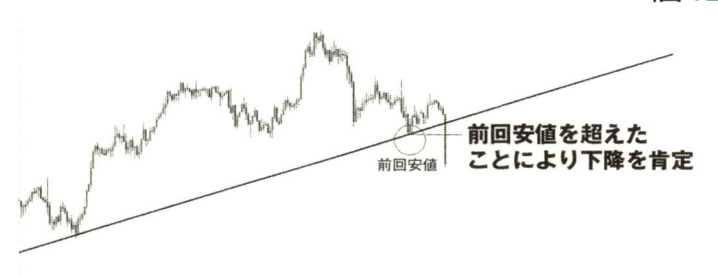

前回安値を超えた
ことにより下降を肯定

前回安値

初心者や面倒な人は上記ルールだけでも OK ですが、以下の追加ルールも簡単なので余裕があれば覚えてください。

それは、

・高値が切り上がっていれば、上昇の肯定、高値切り上げが失敗すれば上昇の否定
・安値切り下げが成功すれば下降の肯定、安値切下げが失敗すれば下降の否定

ということです。〈図12〉は「下降の肯定」になります。これを踏まえて中級者向けにルール化すると、

☆中級者ルール

建値：幸せゾーン突入後、ダウ的肯定の確認をしたら、ポジションを建てる

損切：インナーライン内に戻りダウ的否定の確認をしたら、損切りする

利確：トレンドライン A に到達したら、利確する

となります。

※「必ず」エントリー時に損切、利確をあらかじめ決めて設定してください (この重要性は 4 章でも説明します)。

　このように、ダウ理論の第 6 法則の考え方をより細かく、損切・利確・建値のポイントに取り入れることで、より合理的なトレードができるようになります。そして重要なのが、p52 で解説した RRR（リスク・リワード・レシオ）が、最低でも 1：1 以上になる場合のみ建値注文することです。〈図 13〉を見てください。

〈図 13〉

トレンドライン A とその内側にインナーライン B を引きました。チャートはちょうど B を抜けて幸せゾーンに突入してきたので、売りを仕掛ける局面です。

　損切は B ラインを上抜けたところから直近高値辺りに設定します。利確は幸せゾーンの終わりである A ライン上に置きます。このケースでは、利益と損失の比率を示す RRR は 1：3 程度となり、損小利大のトレードが期待できます。ちなみに、RRR が 1：3 あると、勝率 30% のトレードでも十分に利益を生むことができます。

　重要なのは、エントリー前に、損切値と利確値を明確にすることと、最低でも RRR が 1：1 以上見込める時のみトレードすることです。

　次の〈図 14〉のように、インナーライン B をブレイクし幸せゾーンへ突入したチャートは、その後トレンドライン A まで素直にいくことが多いです。

〈図14〉

チャートは1時間足です。ポジションを建てる準備に要した時間は1時間以内で、ポジションが決済されるまでに約1週間かかっています。

　これで約180Pipsの利益を得ています。

　もしあなたが、10万通貨でトレードしていれば18万円の利益です。

　100万通貨でトレードしているなら、180万円の利益を得たことになります。

　私が紹介した手法は「シンプルだがじつは当たり前の理論」が隠れているので、1時間足のチャートに限らず1分足のチャートでも日足チャートでも、株式でも仮想通貨でも通用することが確認できています。

　つまり、多くのトレード時間が取れる方は、スキャルピングはもちろんトレードスタイルを問わず、1日1時間しかトレードできないサラリーマンでもデイ・スイングトレードで、この手法を実践することができます。

　そして、**初心者や時間が取れない方向けのトレードとして重要なのが、「エントリーをする前に全て決める」**ことです。

　具体的には、建値ポジションを決めると共に、損切ポジション、利確ポジションを事前に決めてしまうのです。エントリー注文の時点で、利確の指値と損切りの逆指値を

セットで注文してしまいます。それさえすれば、後はチャートを見る必要はありません。放っておけば、自動的に決済してくれます。

　もし、あなたが日中は仕事をしているサラリーマンだとしたら、例えば、

1　帰宅後夜にチャートを見て、トレンドライン、インナーラインを引く
2　翌朝チャートを確認し幸せゾーンに突入していたら建値する（この時に損切と利確も設定しておく）
3　あとは決済まで放置。

という流れです。
　これなら本業に支障も出ませんし、トレードスタイルとしてもとてもシンプルです。

■幸せゾーン必勝法は時間足、取引銘柄を問わない

　1時間足に続いて、次は5分足でも、私の「幸せゾーン必勝法」が通用するのか例題チャートを使って実践してみましょう。

次の〈図15〉にあるような相場があったら、あなたはどうラインを引きますか？

まずはトレンドライン A と、その内側にインナーライン B を引いてみてください。

〈図15〉

私なら、〈図16〉のように○で囲んだ点を結んで、次のようにトレンドラインを引きます。

〈図16〉

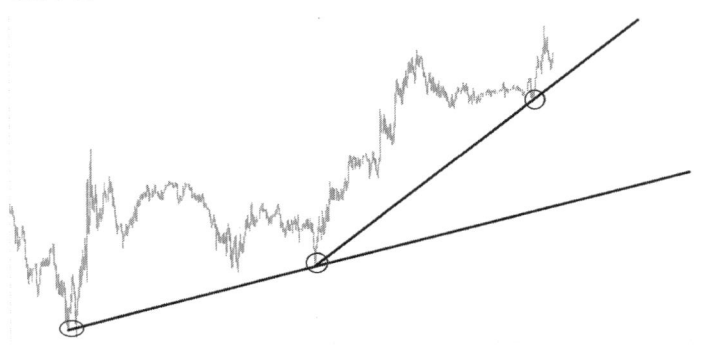

その後、〈図17〉のようにインナーラインBをブレイクし幸せゾーンに入り、下降を肯定したので売り注文を仕掛ける場面となります。

〈図17〉

　その結果は？

〈図18〉

　しっかりとトレンドラインAまで落ちて約32Pipsの獲得となります〈図18〉。

10万円で取引すれば、3万2千円の利益を実働1時間たらずで稼げたことになります。100枚で取引していれば、32万円の利益となります。

　さて、なぜ上昇(下降)トレンドラインをブレイクするとその後下降(上昇)していくのでしょう?

　ここで本章の初めにお話ししたことを思い出してください。相場の本質、つまり「投資家心理」のことでしたね。

　これを基に、なぜトレンドラインをブレイクするとブレイクした方向に相場が伸びやすいのか考えてみてください。

　ここからは自分が資産を保有したと想定して、イメージしながらお読みください。

　あなたは100万円分の資産を購入し保有中です。

　トレンド継続中、まさに100万円で購入した資産の価値が絶賛上昇中なわけです。

　あなたはどんな気持ちですか?　嬉しいですよね。「このまま上昇してくれ〜」と期待も膨らみ笑顔にあふれています。

　期待通りに上昇が続くと、「そろそろ上昇が終わるかもしれない。トレンド転換が起こるかもしれない。利益が減る前に確定しておかなくちゃ」と考える投資家が増えてきます。

　こう考えた投資家たちが決済し利益を確定します。こ

の決済が増えるにつれ、上昇が弱まり出し、やがてトレンドラインをブレイクします。

いまだ資産を保有中のあなたならどう思いますか？

100万円で購入した資産の価値が上昇し、一時あなたの利益は200万円まで上がったけれど現在は170万円まで下がっている状態です。

まだまだ利益は残っているが、確実にあなたの利益は減ってきているわけです。チャートを見れば、明らかに上昇が弱まってきているのがわかり、これからどんどん自分の利益が減りそうにも見える。

こんな状況になれば、資産保有中のあなたは「これ以上利益を減らしてたまるか！利益がなくなる前に決済するぞ！」と利益を決済するのではないでしょうか。

こうしてあなたのように考える投資家たちの利確決済が増えることで相場が下降します。

そしてこの下降を見た投資家が「トレンドが転換する！ここで売れば儲かる！」と売りを入れてくることで、さらに下降の勢いが加速していくのです。

これが、本質を見る相場分析です。

このような投資家心理により、幸せゾーンは「良く取れる」のです。

そして、さらに細かい値動きに対してこの心理を考えていくことで細かく精度の高い分析もできるようになってき

ます。

　このように本質である投資家心理の分析を基に将来の価格を予測していくのが、私の FX での勝ち方となります。
　あまりに簡単なので「え、たったこれだけなの？」と拍子抜けした人がいるかもしれません。
　しかし、1000 万本以上のローソク足というバックボーンから読み取ってきた投資家心理を考えることで、この結論にたどり着きました。
　シンプルだからこそ再現性が確保できるし、他人に伝授することもできます。
　結局いつの時代も人間の心理なんて「単純」なんです。

after!!

before..

コラム：大数の法則について

「カジノ攻略について本一冊書けるくらい」経験のある、私ですが、読者の方が興味あるのは FX の攻略でしょうから、カジノで得た役立つ考え方を、この場を使ってコラムで紹介したいと思います。

「試行回数を重ねれば重ねるほど、確率は収束する」という考え方があります。これを「大数の法則」といって、生命保険もこの考えに基づいて保険料や保証が決まっているそうです。

ところであなたはパチンコに行って軍資金が 0 円になったことはありませんか？　パチンコの控除率は 15% 程度なので、大数の法則に従って考えると、あなたの軍資金の 15% がお店の取り分となり、あなたは投資金の 85% を換金できるはずです。しかし、この通りの結果にならないことが多かったのではないでしょうか。

「大数の法則」は有名ですが、では「何回試行すれば収束するのか」答えることができる方はいますか？　この法則では定義していませんが、じつは、1 万回試行すると 80% の確率で誤差プラス・マイナス 20% の結果に落ち着きます。4 万回試行すると 90% の確率で誤差プラス・マイナス 10% の結果に収斂するという計算式が立ちます。これをもって「控除率 10% のゲームを続けると、最終的に 10% のマイナスの結果に落ち着く」と世の中的には言われています。

ただ、私に言わせると「だから何？」って感じです。「じゃあ、あなたは実際に 4 万回試行するのですか？」と聞きたい。そも

そも人生で4万回もやるものって何か思い浮かびますか？　そして4万回試行しても10%の誤差って大きすぎます。私にとっては机上の空論よりちょっとマシなくらいです。

　そしてこの計算式だって確率であれば計算が立ちますが、確率≠勝率です。勝率をこの式に当て込んでも骨折り損となるでしょう。

　過去に数学だけを武器にマーケットで戦おうとして破れていった人は、数多くいます。ノーベル賞を取るような学者ですら負けて破産しているのがマーケットととという戦場です。数学で攻略できると思った彼らは、マーケットの本質をを軽視しすぎていたのです。

　カジノのヨーロピアンルーレットでは、赤が来るか黒が来るかは確率は48.65%です。便宜上2分の1としましょう。しかし実際には、盤面に歪みがあるかもしれませんし、ディーラーの投げ方にクセがあるかもしれません。「狙えるディーラー」なのであればディーラー心理によりボールの落ちる場所が変わるかもしれません。こう考えると本当に2分の1の勝負をしているといえるのか。「赤が来るか黒が来るかは常に約2分の1」と断言できるとは私は思えません。

　数学だけでギャンブルやトレード、勝負事をわかった気になっている人は、愚かであり、マーケットで死にます。本書を読み、そのことにも気づいてもらえたらと思います。

第3章

幸せゾーンの
練習ドリル

東大生になりたければ赤本を、医者になりたければ医学書を読めばいいし弁護士になりたければ六法全書を読めばいい。

でも「お金を稼ぎたい」ならこの本を読め。

2章を読んだあなたは、すでに勝ちの糸口をつかんでいる状況です。

　ぜひこのチャンスを物にしてください。

　だからといって、私のように1000万本のローソク足を地道に分析する必要はありません。

　視力が悪くなります(笑)。

　この章では、小学校の算数よりも簡単な練習ドリルを、私が用意しました。

　練習問題では、まず下半分を隠します。

　そして、あなたが買った本なのですから遠慮なくチャート図内にトレンドラインAとインナーラインB、a(損切)、b(利確)、c(建値)を直接書き込んでください。

　書き込んだら「なぜこう引いたのか」を自問自答して、本当に自身でトレードしするつもりで挑んでください。

　それでは行きましょう。

　※しっかりと考えて、実際に線を引いてから答え合わせをすることで、よりあなたのためになります。

◆第1問　USDJPY_2018年5月

　右上のチャートにトレンドライン A とインナーライン B を引いてください。次に損切ポイント a、利確ポイント b、建値ポイント c を設定してください。

◇解答解説

　約 100Pips 獲得

　放置時間 10 時間

　10 ロットであれば 10 万円の獲得

　正解したあなたは約半日で 10 万円の利益を獲得したことになります。

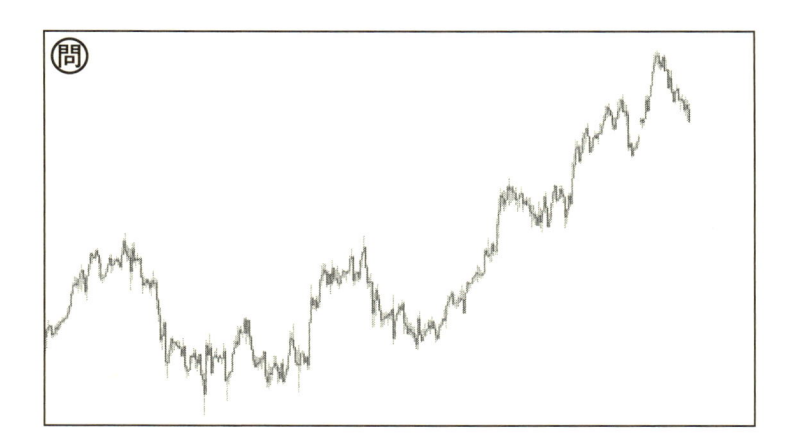

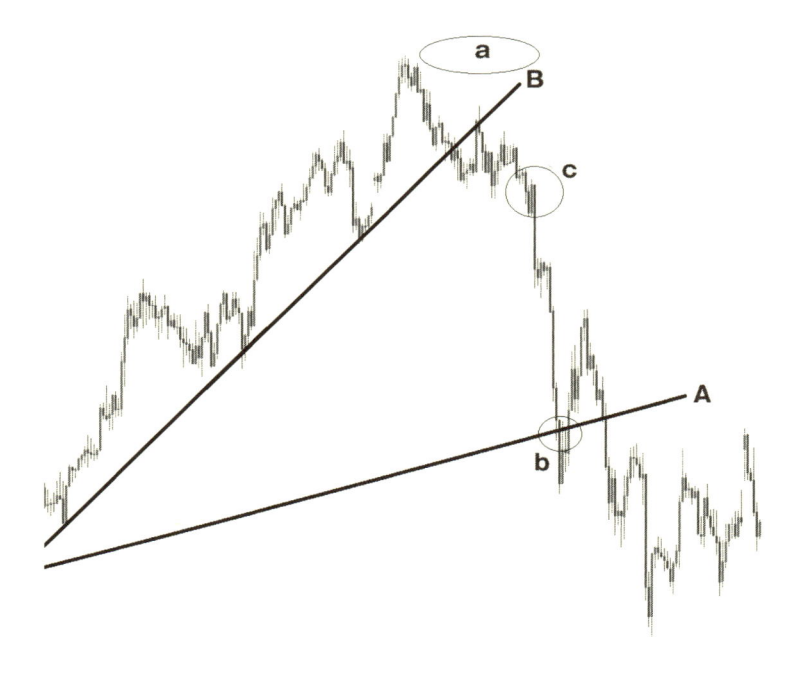

◆第2問　GBPJPY_5分足　2019年4月

　右上のチャートにトレンドラインAとインナーラインB
を引いてください。次に損切ポイントa、利確ポイントb、
建値ポイントcを設定してください。

◇解答解説

　約20Pips獲得

　放置時間1時間30分

　10ロットであれば2万円の獲得

　正解したあなたは約1時間30分で2万円の利益を獲
得したことになります。

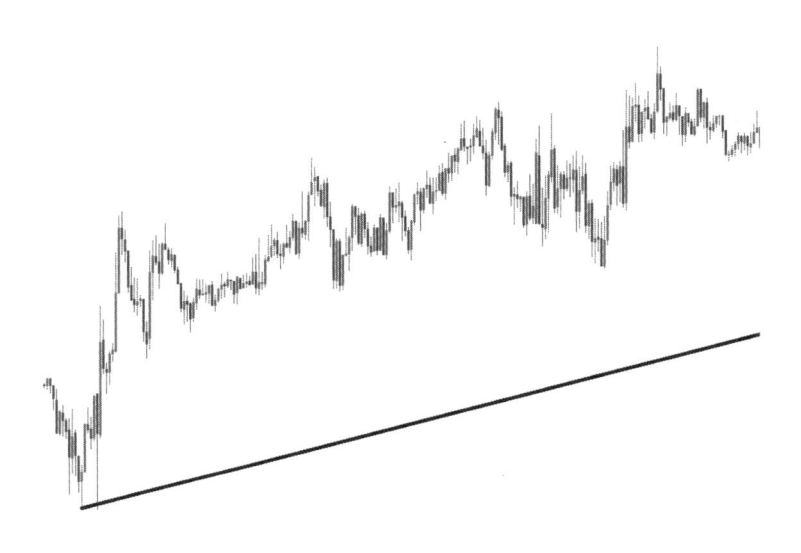

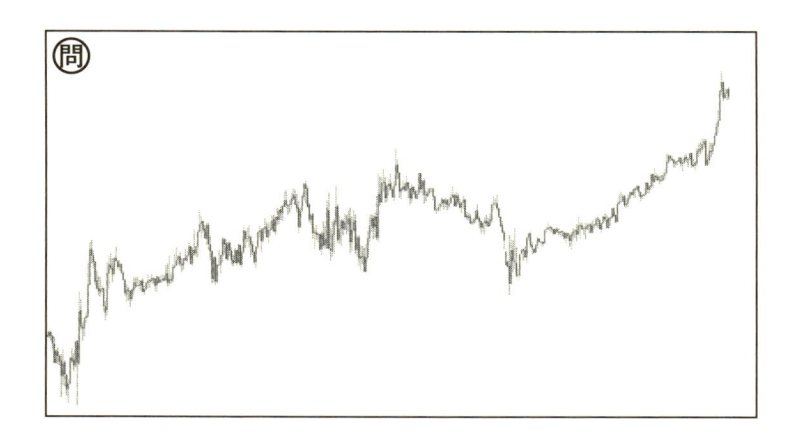

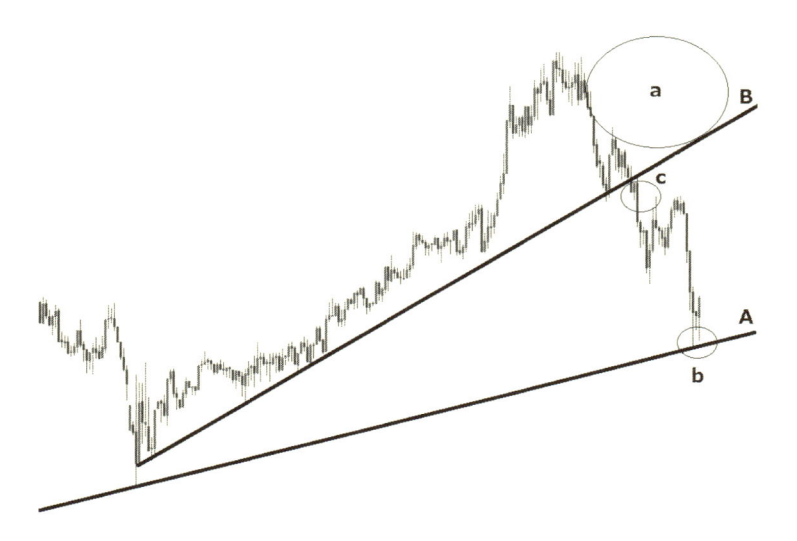

第 3 章 ◆ 幸せゾーンの練習ドリル　　91

◆第3問　日経225_30分足　2018年10月

　右上のチャートにトレンドライン A とインナーライン B を引いてください。次に損切ポイント a、利確ポイント b、建値ポイント c を設定してください。

　これまで上昇トレンドで説明してきましたが、下降トレンドの場合もまったく同じで、ただ逆になるだけです。

◇解答解説

　約 500 円幅獲得

解

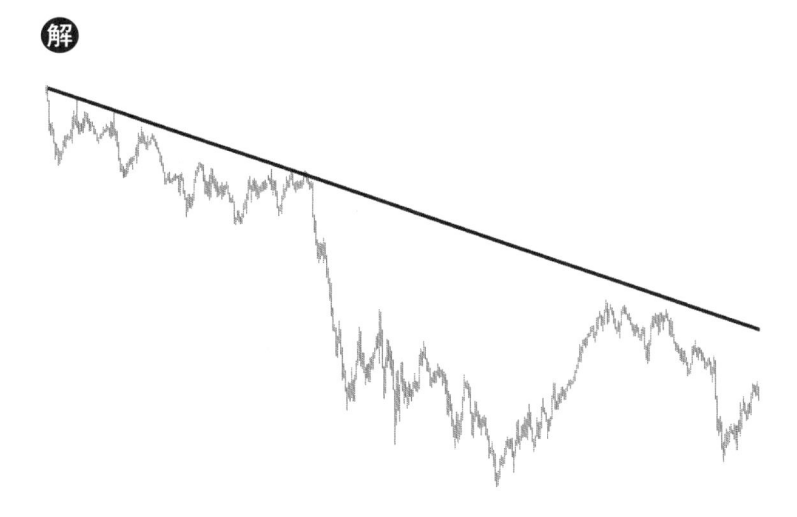

放置時間 35 時間

10 ロットであれば 5 万円の獲得

　正解したあなたは約 1 日半で 5 万円の利益を獲得した
ことになります。

㊙

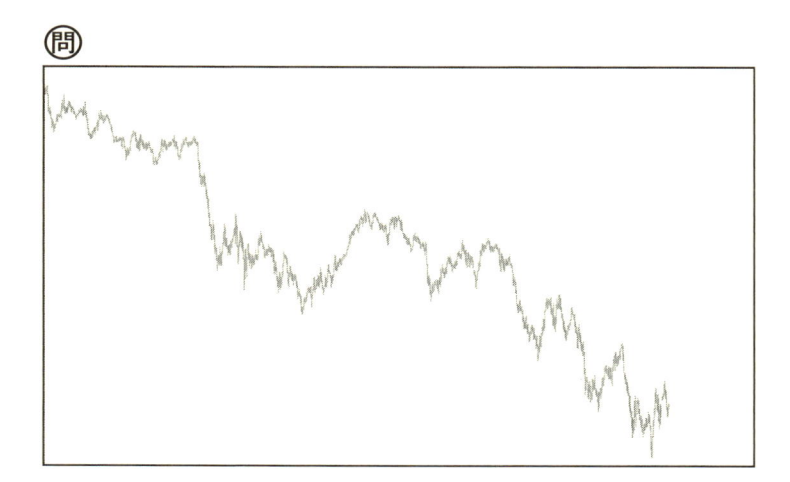

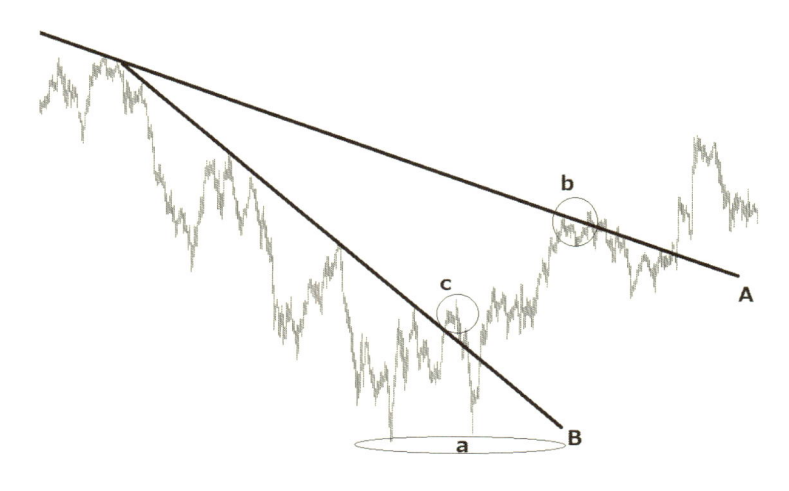

◆第4問　GOLD_4時間足　2019年2月

　右上のチャートにトレンドライン A とインナーライン B を引いてください。次に損切ポイント a、利確ポイント b、建値ポイント c を設定してください。

◇解答解説

　約 19 ドル幅獲得

　放置時間 100 時間

　10 ロットであれば 19 万円の獲得

　正解したあなたは約 4 日で 19 万円の利益を獲得したことになります。

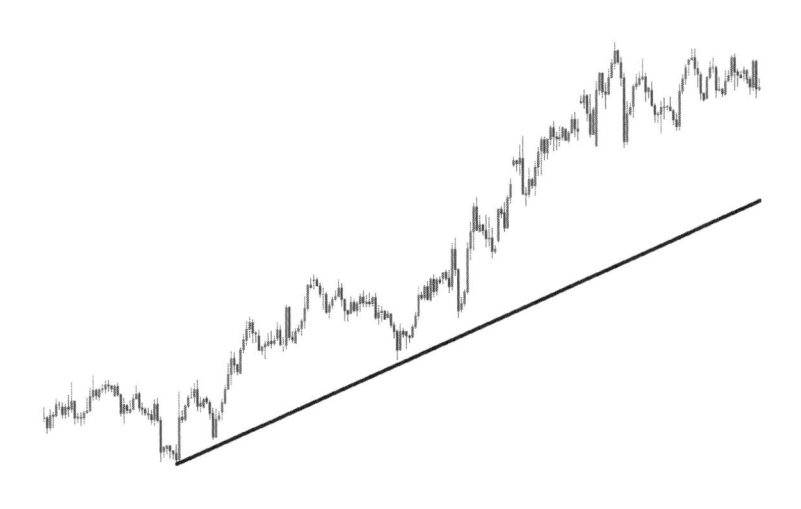

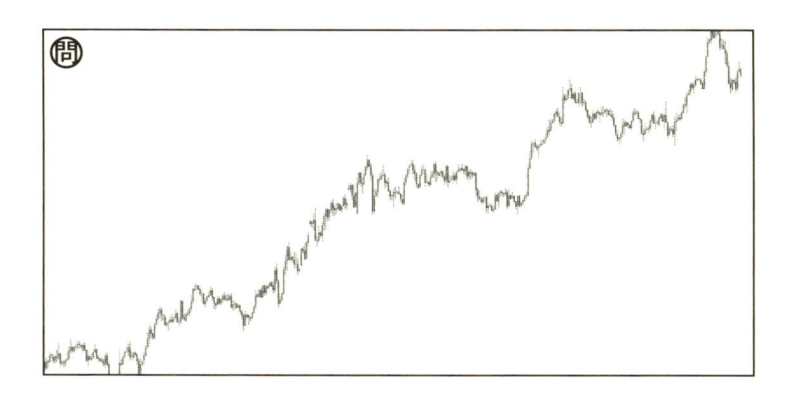

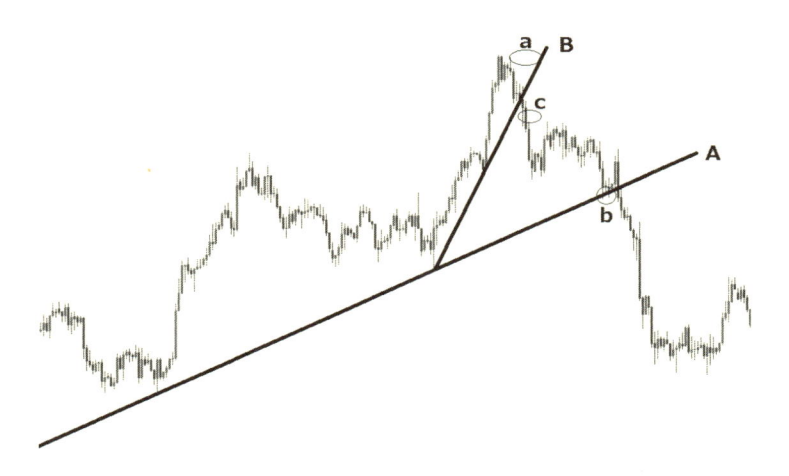

◆第5問　BTCUAD_15分足　2019年5月

　右上のチャートにトレンドライン A とインナーライン B を引いてください。次に損切ポイント a、利確ポイント b、建値ポイント c を設定してください。

◇解答解説

　約3万円幅獲得

　放置時間27時間

　10ロットであれば30万円の獲得

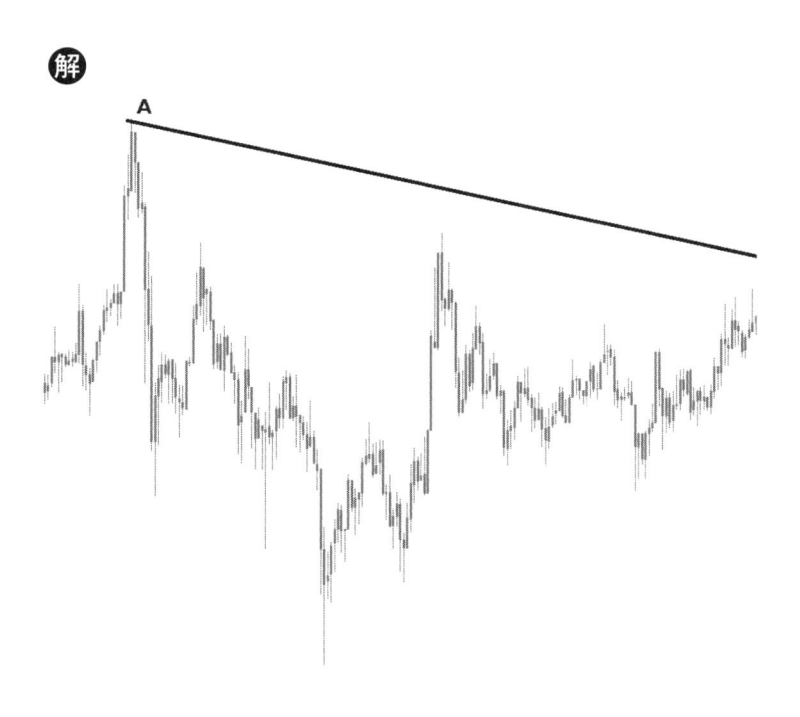

正解したあなたは約 1 日で 30 万円の利益を獲得したこ
とになります。

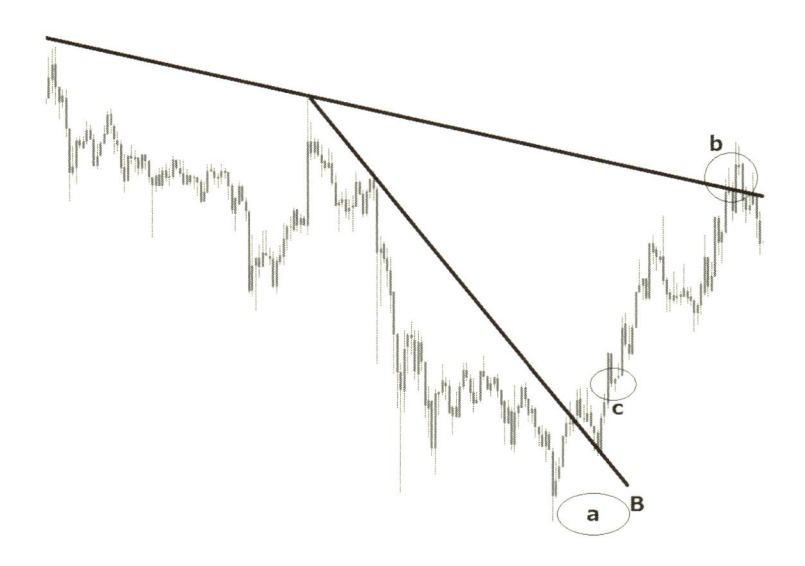

◆第6問　GBPAUD_日足　2015年8月

　右上のチャートにトレンドライン A とインナーライン B を引いてください。次に損切ポイント a、利確ポイント b、建値ポイント c を設定してください。

◇解答解説

　約 107Pips 獲得

　放置時間 40 日

　10 ロットであれば 107 万円の獲得

　正解したあなたは約 1 か月と 10 日で 107 万円の利益を獲得したことになります。

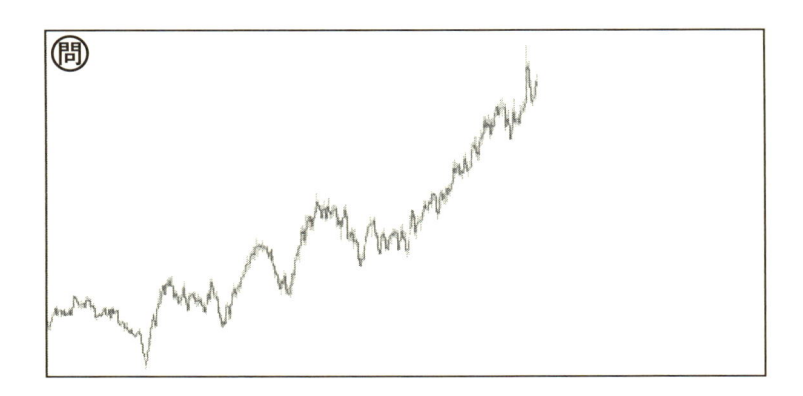

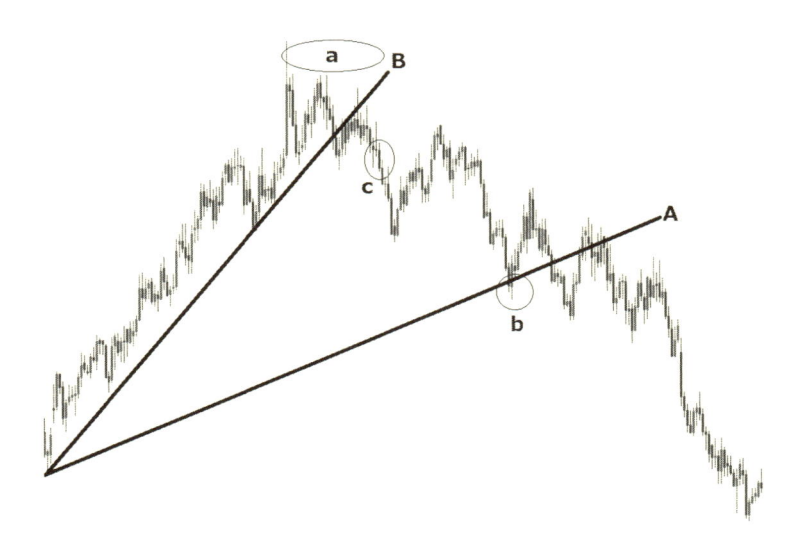

◆第 7 問　AAPL_1 分足　2019 年 5 月

　右上のチャートにトレンドライン A とインナーライン B
を引いてください。次に損切ポイント a、利確ポイント b、
建値ポイント c を設定してください。

◇解答解説

　約 100 円幅獲得

　放置時間約 15 分

　10 ロットであれば 1 万円の獲得

　正解したあなたは約 15 分で 1 万円の利益を獲得したこ

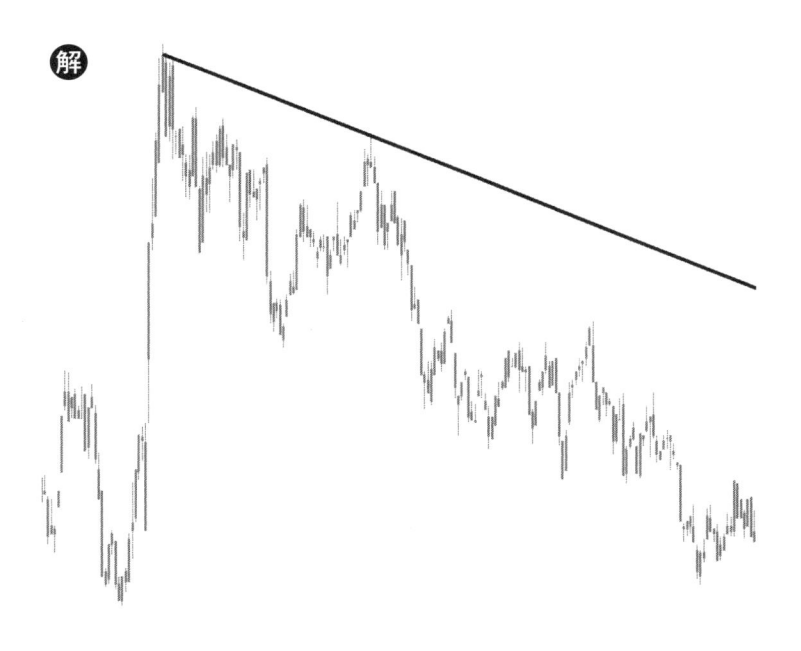

とになります。

㉖

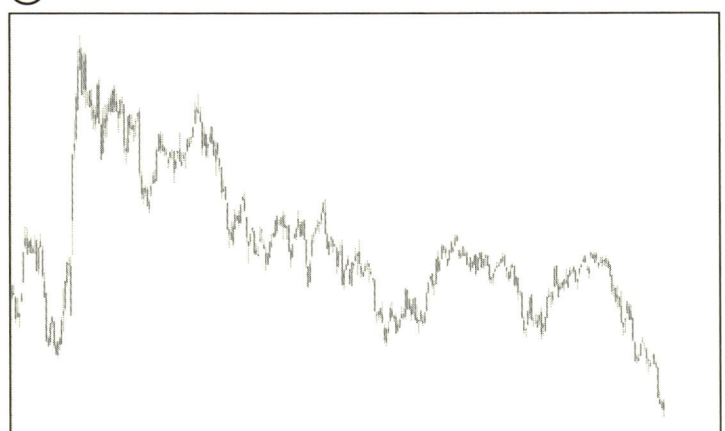

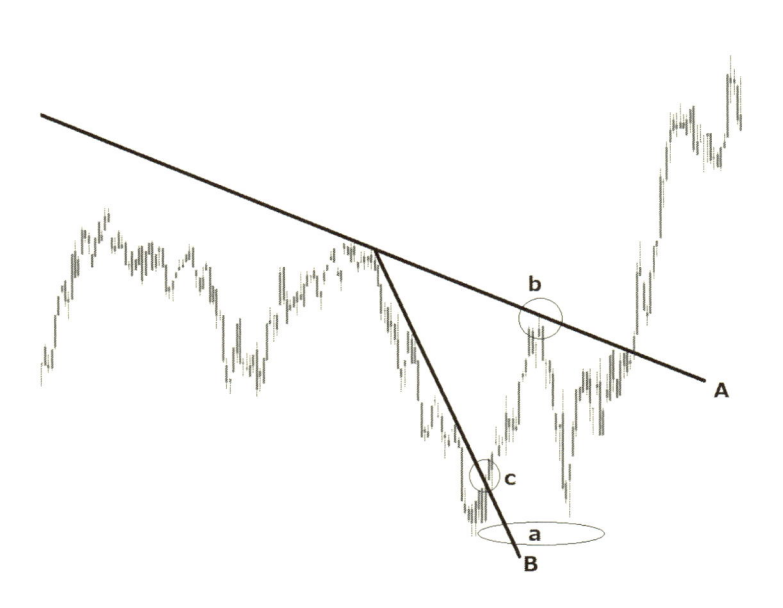

◆第 8 問　AUDUSD_4 時間足　2018 年 12 月

　右上のチャートにトレンドライン A とインナーライン B を引いてください。次に損切ポイント a、利確ポイント b、建値ポイント c を設定してください。

◇解答解説

　約 90Pips 獲得

　放置時間約 24 時間

　10 ロットであれば 9 万円の獲得

　正解したあなたは約 1 日で 9 万円の利益を獲得したことになります。

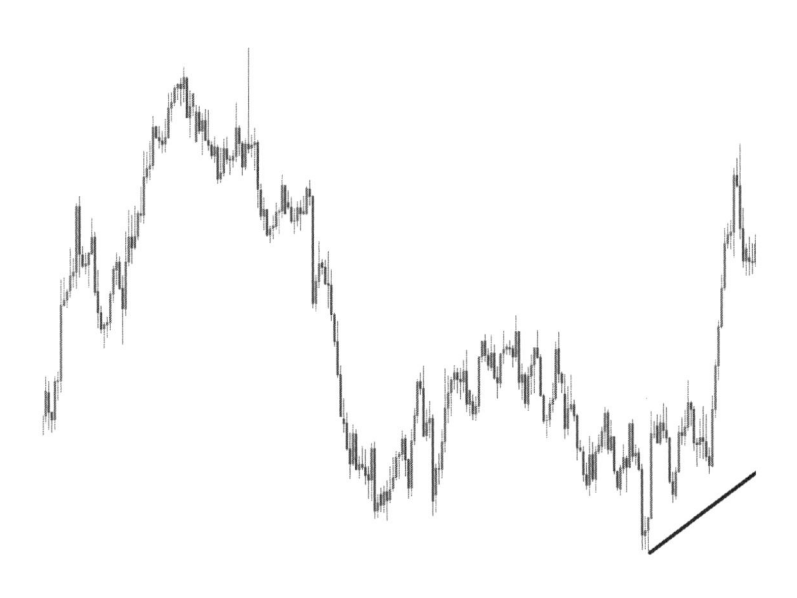

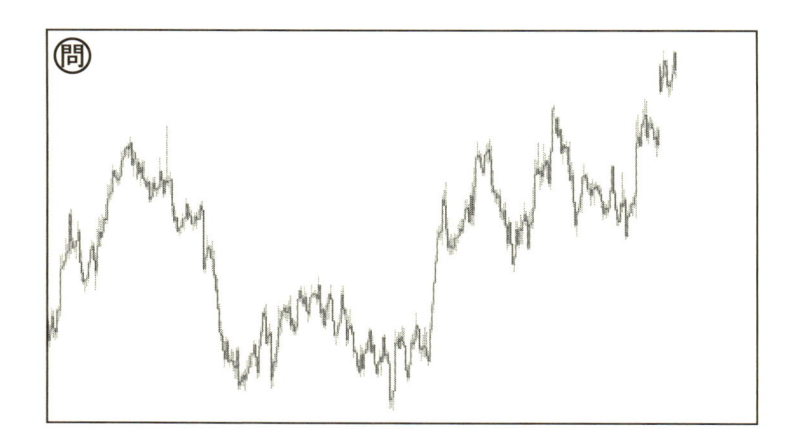

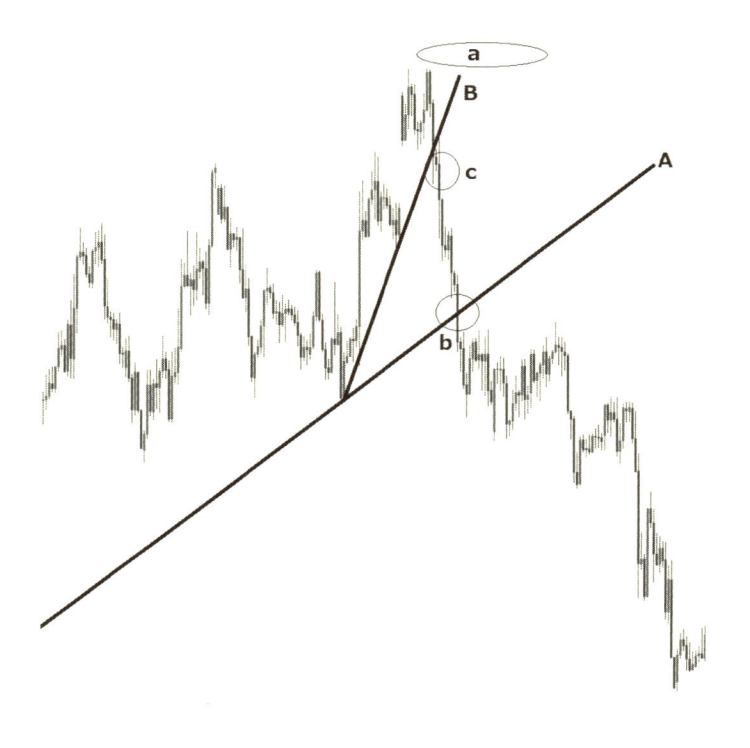

◆第 9 問　US30（ダウ平均株価 ）_1 時間足

　次のチャートにトレンドライン A とインナーライン B を引いてください。次に損切ポイント a、利確ポイント b、建値ポイント c を設定してください。

◇解答解説

　約 420 ドル幅獲得

　放置時間約 29 時間

　10 ロットであれば 42 万円の獲得

　正解したあなたは約 1 日とちょっとで 42 万円の利益を獲得したことになります。

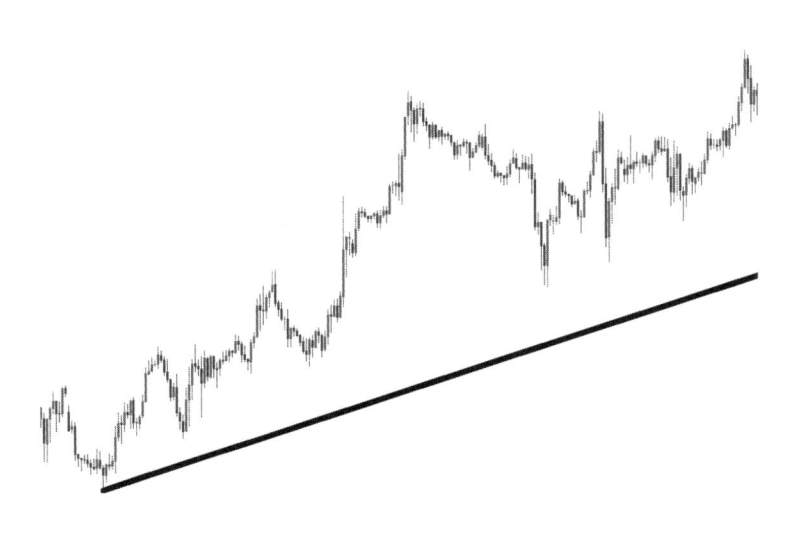

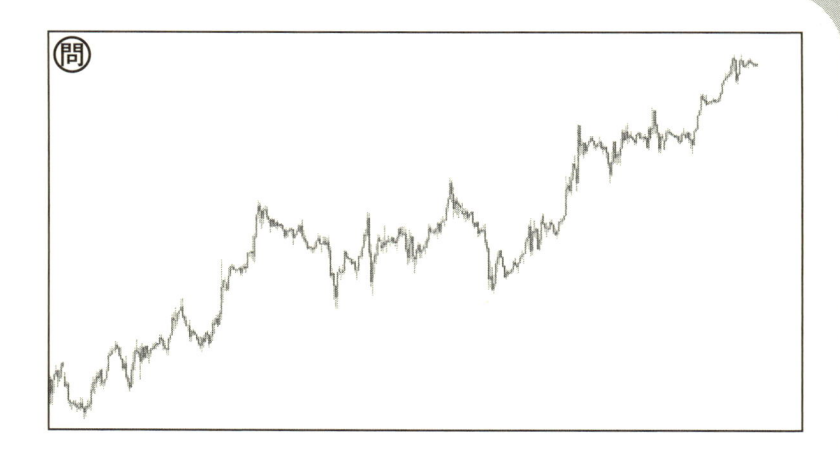

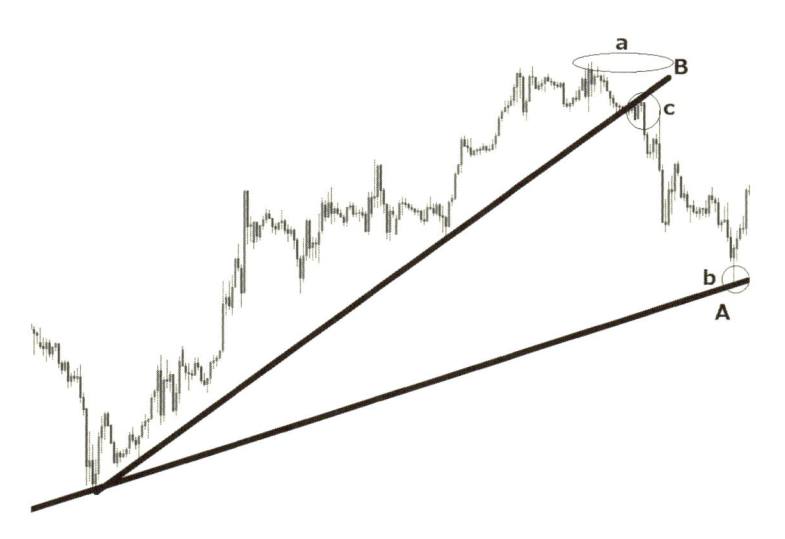

◆第 10 問　EURUSD_5 分足　2018 年 12 月

　右上のチャートにトレンドライン A とインナーライン B を引いてください。次に損切ポイント a、利確ポイント b、建値ポイント c を設定してください。

◇解答解説

　約 20Pips 獲得

　放置時間約 2.5 時間

　10 ロットであれば 2 万円の獲得

　正解したあなたは数時間で 2 万円の利益を獲得したことになります。

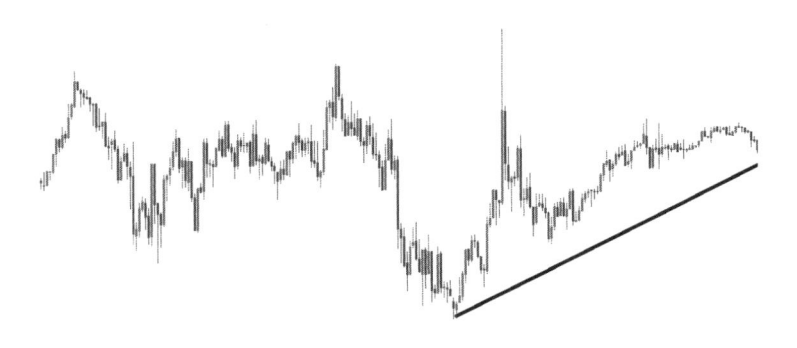

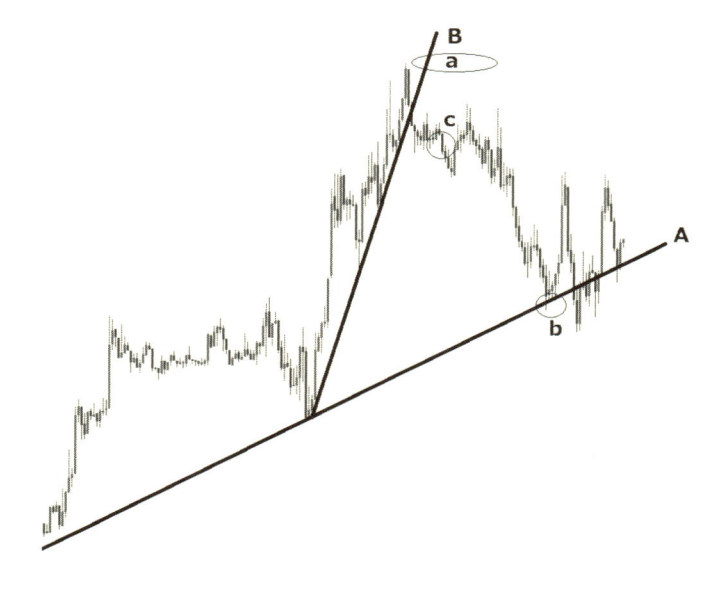

以上で、小学生でもできる幸せゾーン練習ドリルを終了します。

　どうでしょう。あなたはいくら稼げましたか？

　ご覧の通り、この幸せゾーンを使った勝ち方は通貨、時間軸、銘柄問わず通用します。

　2本のトレンドラインによる幸せゾーンだけでも十分に利益を狙えますが、より勝率を高め、合理的かつ再現性の高いトレードをするための a（損切）、b（利確）、c（建値）のロジックはまたの機会にお話しできればと思います。

before..

after!!

第4章

初心者は
見ないでください

【特別編】
今どんなゾーンにいるかを把握する

　この章のタイトルですが、煽りじゃないです。

　勝ち続けるトレーダーになるためには「教える」ではなく「育てる」が必要だと考えています。

　教えただけで勝ててしまう適性のある方も稀にいますが、おそらく多くの場合、勝ち続けるトレーダーで在れるよう育てることが必要です。

　そして育てるのであれば、順序だてて段階的に学ぶことが結果一番の近道になります。

　最初は何もできなくて当たり前ですから、ダウ理論も分からない、ラインも引けない状態で本章を読む事は遠回りに繋がってしまう可能性があります。

　「ものは順序」ですね。第2章の幸せゾーンまでをマスターしてください。

　さて、FXでは利益を獲得するために勝率は必須ではありません。

　しかし、「勝率を取らなくても勝てるFXで高勝率トレードができたら面白い」というのが、私がFXへ参入した理由のひとつです。

　この特別な章では「より精度の高いトレード」をするた

めに具体的な建値のポイントを一つ解説します。

　勝率の高い建値のポイントを考えるとき、「まずは今どんなゾーンにいるのか」を把握することが重要です。
　ゾーンの把握方法は、エリオット波動論、ダウ理論、フィボナッチ数、水平線、斜線、インジケータ ... 何を使っても構いません。「幸せゾーン」もまた、これを把握するための一つの方法です。
　この「ゾーン」を把握したうえで、「今が売られやすいゾーンなのか、買われやすいゾーンなのか」を認識しさらに建値のポイントを精査することでより精度が高くなります。

　さて、2章を振り返ってください。不思議に思った方もいるのではないでしょうか。なぜ私が始めに、一見本書とは無関係である「ロールリバーサル」の本質を解説したのか？
　そうです。このロールリバーサルを建値するポイントを決めるのに使うのです。幸せゾーンの中で、このロールリバーサルの投資家心理を利用することで「勝率の高い建値のポイント」を割り出すのです。

第一のポイント：図 I

USDJPY_H4

2019 年 6 月

図 I を見てください。

図 I

４時間足で下降トレンドが見えたので、トレンドライン
Ａを引いた画像です。

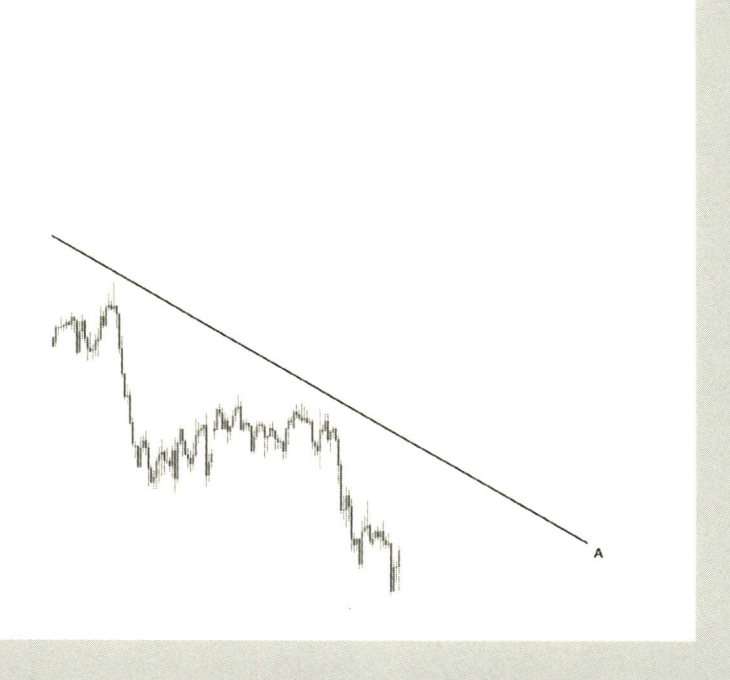

第二のポイント：図Ⅱ

図Ⅱを見てください。

図Ⅱ

1時間足にしてインナーラインBを引きました。

　これで「幸せゾーン」ができましたね。

　幸せゾーンに突入したので〇のゾーンで建値できるわけですが、この精度を高めるためにここで何が起こっているかさらに時間軸を落として詳しく見てみます。

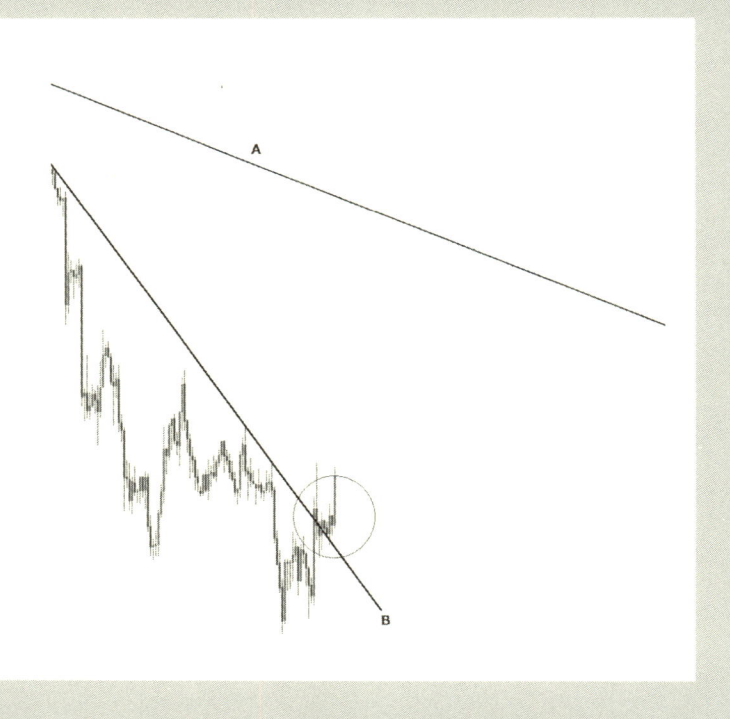

第三のポイント：図Ⅲ

図Ⅲを見てください。

図Ⅲ

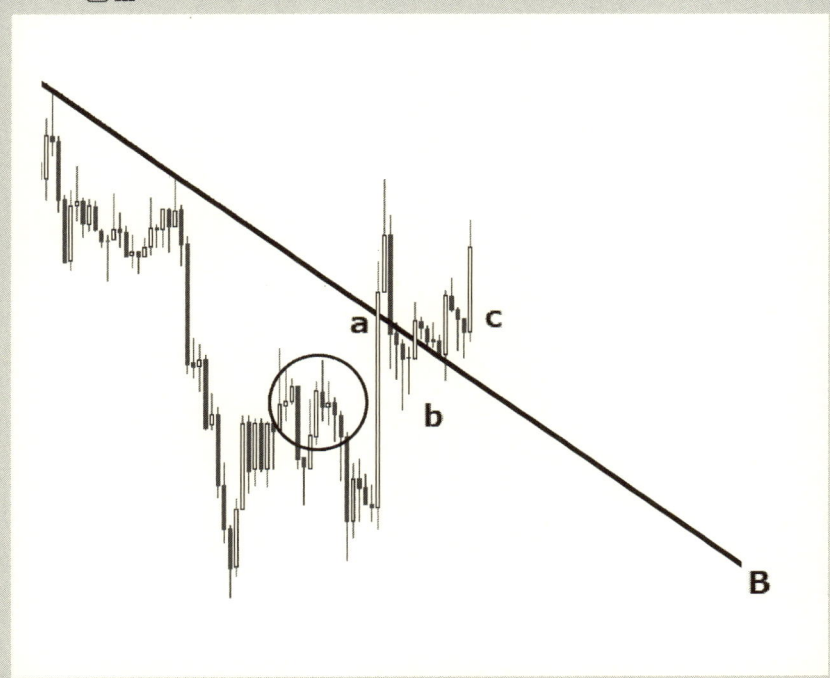

図Ⅱのチャートを 30 分足にして拡大したものです。

　下降トレンド中なので〇ゾーンでは戻り売りを狙って新規売主が入ってきました。

　しかしその後思惑通りにはいきませんでした。トレンドラインをブレイクするほどの急上昇（a）をみせ、意気揚々と〇ゾーンで参入してきた売主は焦っていることでしょう。ちなみに、損切をする間もない急上昇だったことで含み損を抱えているであろうことがわかります。

　しかしその後なんとか自身の売った価格であるｂまで戻ってきたことで、損失を免れた〇ゾーンでの売主が「命拾い決済」をするんでしたよね。

　これを狙ってｂで買うのも有りですが、この時点では命拾い決済は予測できても、新規買主が参入するかどうかまではわかりません。

　ということで私であれば徐々に買いが強くなっていることを確認し、買いと売りの決着がついたｃで建値するわけです。

結果：図IV

結果は図IVの通りです。

図IV

下降インナーラインＢを割り、売主が減り買主が増え
たゾーンであることがわかります。直近にボックスレンジ
を作ってくれていることでも新規買主が出てきやすいゾー
ンであることがわかりますね。
　ということで今回のトレードでは、幸せゾーンに突入し
買われやすいゾーンでロールリバーサルが起こり、既存売
主の命拾い決済と新規買主の参入が合わさって上昇してく

れました。

　もちろんしっかりと建値を精査したトレードであっても、必ずRRRは1：1以上でなくてはなりません。

　bで建値していた場合は損切リスク約30Pipsに対して利益約110Pips、cで建値した場合は損切リスク約10Pipsに対して利益約90Pipsの獲得でした。どちらもリスクに対してリワードが大きい、優位性のあるトレードであるといえます。

　このように、今がどんなゾーンなのかを認識したうえでさらに建値のポイントを精査することでより高勝率のトレードが可能となります。

　また、本書ではなるべくシンプルに伝えたいので手法の公開はここまでに留めますが、少し手を加えるとさらに合理的で再現性の高いものへと大化けします。

　高みを目指す経験者はぜひ探求してみてください。

第5章

ヘッジファンドの
新人トレーダーが
最初に学ぶこと

これまでに私がFXで勝っている手法をあなたに教えましたが、おそらく、それだけではあなたは勝てるようにはならないでしょう。

　すでに勝ち方を知っていながら、なぜ相場で勝てないのか？　それは、あなたの、いや人類の脳みそがもともと相場に勝てるように作られていないからなのです。

　この章では勝てるトレーダーになるために一番重要なことをお話しします。

1.
なぜ9割の参加者が負けるのか

■選ぶのは、どっち？

マーケットの参加者の9割が負けるというのはよくいわれている話です。そこで皆さんには一度「なぜ参加者のほとんどが負けるのか」を考えてみてほしいのです。考えるにあたってまずは、「マーケットに参加している人はどんな人か？」を想像する必要があります。

どうでしょうか？　マーケット参加者というのは、ほとんどが「稼ぎたい人たち」です。つまり9割はお金を稼ぐ目的で参加していて、稼ぎたいと思っているその9割の参加者が自分の思惑に反して、負けているわけです。そしてそんな相場で勝ち残ろうと考えている私たちは、まず9割の「稼ぎたい人間」が何を考えどんな行動を取るのか知る必要があります。

ここで、ノーベル経済学賞を受賞した「プロスペクト理論」の観点から見ると相場参加者の心理が理解しやすくなります。

次の問いに対して、あなたはどちらを選ぶでしょうか。

問 1、あなたは最大 2 億円がもらえるとしたら、どちら
を選ぶでしょうか。
　　A：無条件で 100%1 億円がもらえる
　　B：コインを投げて表なら、つまり 50% の確率で 2 億
　　　　円もらえるが、裏が出たら一銭ももらえない

　多くの人が、A を選択し、無条件で 1 億円を手に入れる
ことを選ぶでしょう。
　では、これならどちらを選びますか？

　問 2、現在あなたには 2 億円の借金があります。次のど
ちらを選びますか？
　　A：無条件で 100% 借金が 1 億円減額される
　　B：コインを投げて裏が出たら借金は減らずにこれまで
　　　　と変わらないが表が出たら、つまり 50% の確率で
　　　　2 億円の借金全額が減額される

　B を選ぶ人が多いのではないでしょうか。「いやいや、
俺は A を選んだぞ」という人も、自分の大切なお金を失
うか否かの局面では B を選んでしまうのです。それがマー
ケットという戦場なのです。
　1 の質問では堅実に 1 億円を手に入れることを選んだ人
が、2 の質問ではギャンブル性の高い B を選択するという、
実験結果が出ています。

このことでわかるように、「人はすでに手に入れた利益は 100% 確保したい」と考えます。つまり、自分の利益を失うリスクをなんとしても避けたがる性質を持っています。

　そして、すでにある損失というリスクを受け入れがたく、50% の確率でも全てを帳消しにする方法を選ぶ傾向があります。

　この人間が持つ脳の仕組み（心理）が、「利益は小さくても確保し、損失は何とか回避しようといつまでも持ち、祈り続ける」という典型的な「損大利小」の負け犬トレーダーを生み出しているのです。

　この利益の確保とリスク回避は人間の本能によるもので、普通の人間、つまりマーケットに参入する人間の 9 割に共通する習性といえます。つまり 9 割の人間は、マーケットで本能のままに、負けるべくして負けているのです。

■宝くじが当たっても破産する人たち

　アメリカで「宝くじに当たった高額当選者が、その後破産した」というニュースを聞いたことはありませんか？
じつは宝くじ当選者の多くが破産等悲惨な末路を迎えています。

　なぜ、一生遊んで暮らせるだけの金を手にしながら、破

産してしまうのでしょうか？

　それは本能の役割の一つである「恒常性機能」に関係すると私は考えます。

　恒常性とは生物が一定の状態を保とうとする現象のことですが、宝くじの当選者は言うなれば、「貧乏の恒常性」を維持していたから、財を残すことができなかったのです。

　いきなり宝くじが当たってお金持ちになったけど、本能の持つ恒常性機能により宝くじに当たる前の、これまで通りの貧乏な自分を維持しようと、富のコントロールを放棄するのです。

　ひるがえって勝てないトレーダーは、負けてきた自分を維持しようとしているのです。

　不思議ですか？　しかしこの章を読み進めれば、大いに納得できると思います。

　この負けの恒常性を打ち破るのに必要なのが、本能の役割の一つ「自然化機能」です。

　運転免許を持っている人は車に乗れば無意識にハンドブレーキを下げ、ギアをドライブに入れて車を動かします。しかし初めからそうでしたか？　教習所に通っていたころは、エンジンをかけてから出発まで一生懸命考えながら操作していたのではないでしょうか。継続して繰り返すことで自然に運転できるようになる。つまり自然化されたわけ

です。自転車の乗り方も同じです。「右足でペダルを漕いだら、次は左足で」なんて考えながら乗る人はいません。

このように、一度自然化されたら強いもので、なかなか忘れることはありません。

家に帰って無意識にテレビをつける、これも自然化されているからです。

ちなみに最近私も自然化したことがあります。トイレで小便はずっと立ってしてきたのですが、一度トイレ掃除をした際、トイレの汚れに気づいてから小便も座ってすることを妻と約束しました。面倒くさいですし男のプライドが許さなかったのも多分にあります。初めは何度も「立ちション」しそうになるのですがなんとか続けてきたおかげで、今はトイレに入ったら無意識にズボンを下までおろして座っています。逆に、自宅のトイレでは立って小便することができなくなりました(笑)。

この自然化と恒常性、つまり本能の力は非常に強く、あなたがどんなに強い意志で「宝くじに当たりお金が入ったからしっかり管理しよう、堅実に資産運用しよう」と考えてもその何十倍も強い本能の力で「貧乏行動が自然化されたこれまでの自分に戻らなきゃ」と恒常性が働くからあなたは結局変われないんです。

ちなみに、損切を先延ばししてしまうのも、利益を早々に確定してしまうのもこの本能の力によるものですよ。

2.
精神力、忍耐力、意志力、こんなものいらない

■「今すぐエントリーしたい」

　ここであらためて、あなたが相場で勝つために本当に必要なことを考えてみてください。

　「良書をたくさん読んで知識をつける？」「優位性のある手法を身につける？」

　あるいは、「相場では意志の強さが大切」といった主張も本やサイト、動画でよく見かけます。

　答えはいずれもノーです。

　勝利の鍵は「本能を味方につけること」にあると私は考えます。

　じつは、私たちの脳が考えて起こしている行動は能力の3%にすぎません。だから、あなたが世にあふれる「教科書」の通りにいくら必死に「資金管理しなきゃ」、「ルールを守らなきゃ」、「メンタルを保たなきゃ」と頭で考えながらトレードしても結局脳の3%のパフォーマンスなんです。残りの97%であるこれまで説明してきた本能の力にひれ伏してしまうのです。あなたの本能は「お金が欲しい」、「今すぐエントリーしたい」、「怖いから今のうちに決済しよう」、「損を取り返したい」こんなことばかり考えています。

この理性と本能の関係は、いわば「氷山」みたいなものです。我々が船から「氷山」として見ている部分は全体のわずかな部分で、その大多数は海面の下に隠れています。まさに「氷山の一角」なので、あなたがいくら3%の力で頑張ろうとしても、97%の力によって理性的なトレードが邪魔されます。普通に考えたら勝てるわけがありませんよね。

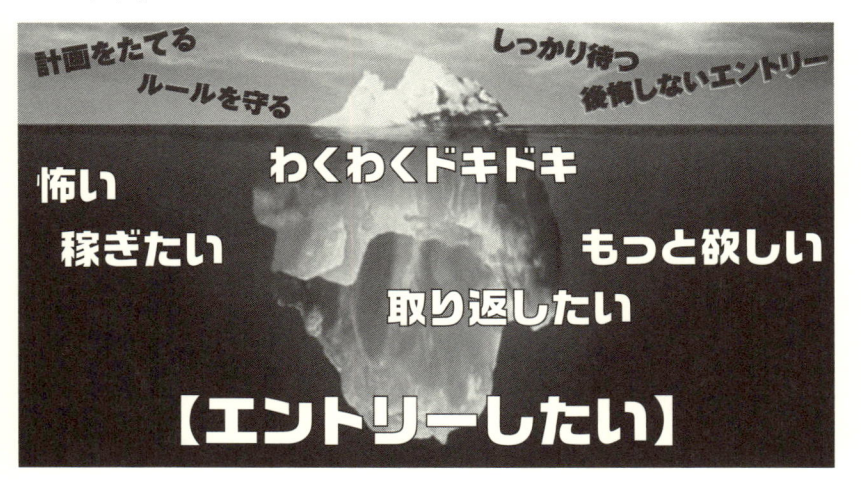

ではどうすればいいのか？

それは本能を知り、本能をコントロールすることです。本能を否定することではありません。そもそも本能は私たちを守るために働いてくれています。だから「変化を嫌う」性質があります。そこでいきなり、あなたが「よし、資金

管理しよう」と思っても、本能は拒みます。「人は一気に変われない」理由がこれです。

　基本的に、本能が好むのは「慣れたこと」、「安全なこと」、「簡単なこと」、「楽なこと」、「楽しいこと」です。だから楽で楽しい、漫画やゲームはずっと続けられますよね。

　そこで私たちは脳に「資金管理すること、トレードルールを守ることは楽しく、安全なことだよ」と脳に教える必要があります。

　そのための方法はこのあとお教えします。

　ここで想像してみてください。

　もし脳の97%が、あなたのトレードの味方についてくれたら、勝てそうな気がしませんか？

　そのためには、普段3%の力を使って必死に考えながらやっていることを、考えなくても自然にできるようにする必要があります。先ほど話した自然化です。

　自然化とは「頭で考えなくても体が勝手に動く」状態です。ピアニストがピアノを弾く時に「ドの鍵盤がここでシはこっちで…」といちいち考えることがないのと同じです。

　プロボクサーが、「ここで腰を回しながら、体重を乗せてパンチを打つぞ！」と頭で考えなくても自然とパンチが出せるのと同じです。

しかし、脳の 97% を味方につける、これを習得するには、時間がかかります。誰もがピアニストやプロボクサーにはなれないのと同じで訓練が必要なものです。

　ですが心配はありません。初心者にも、97% の本能に邪魔されない、トレード方法があるのです。

　それが、本書でくどくお伝えしている「エントリー時に、損切りと利確をあらかじめ決めること」です。損切りと利確を事前に決めるトレードについては、この実践的な方法は本書ですでに説明していますね。これをしないと、97% の本能に邪魔されてしまい、利益が出たら「よし、すぐに利確したい」と勝手に決済するし、損が出たら「回復するまで我慢しよう」と損切りが遅れてしまい、「損大利小」の負け犬トレードになってしまうのです。

■トレード中のあなたは猿、いや虫です

　昆虫の脳みそというのは、ヒトと比べると非常に微小で生きるための本能という機能しか果たしていないそうです。

　だから、私は本能のままにトレードすることを「虫のトレード」と呼んでいます。

　そしてこの「虫」は、体や脳が疲れている時や動揺したとき、普段と違う環境にいる時に、ひょっこり出てきやす

いです。なのであなたがトレード中に動揺して「虫」にならないために一番いいのは、エントリーまでに利確、損切り全てを決めてしまうことです。虫になる前、つまり本能が出てくる前の理性的なあなたの分析でトレードを完結するために、建値する時までに全て決めるのです。こうすることでエントリー後に考える余地がなくなるので、97%の本能の影響を受けないトレードができます。

　エントリーした後、人はPC画面にかじりついて相場分析をします。しかしそうではなく、その自分の状況を俯瞰して見て、自分の感情を観察してみてください。常に「自分のメンタルはどんな状態か」を観察し続けるのです。もしトレード中に「喜び、焦り、慢心、妥協」こういった感情を少しでも感じたら、PCを閉じてその日のトレードはやめるくらいでいいです。訓練されていないあなたは「本能＝虫」が少しでも出てきたら勝つトレードはできません。
　大切な資金を投資するための分析を「虫」に任せることはできませんよね。

3.
ヘッジファンドの新人トレーダーが最初に学ぶ〝NPLトレード〟

■利益を求めないトレーダーになる？

　私が紹介した、初心者があらかじめ損切り、利確を決めておくトレードは、本能に邪魔されないためのビギナー向けのトレード手法です。そこから一歩進んで、97％の本能を味方につける方法も解説していきます。

　キーワードは「NPLトレード」です。

　NPLとは「No Plofit No Loss」の略で、エントリーして利益も損失も出ないトレードをするのです。プラス・マイナスゼロを求めてトレードします。建値してすぐ決済してしまえばスプレッド分負けてしまいますから、スプレッド分だけ取って利益は無しでポジションをクローズするのがNPLトレードです。スプレッド分は取らなければならないので最低限の分析スキルは必要ですがけっして利益を伸ばそうとしてはいけません。

　なぜそんなことをするのか？

　NPLトレードを繰り返すことにより「利益を求めないトレーダー」になるのが目的です。

　利益を求めないトレーダーとは、9割のトレーダーが負ける理由である「97％の稼ぎたいという本能」に支配さ

れない、残り 10% 側であるトレード中に「稼ぎたい」と考えないトレーダーになるための訓練なのです。

　NPL トレードによって「稼ぎたい心」が無くなれば、今まで私が推奨してきた、「建値と同時に利確や損切りを決定するトレード」をする必要すらなくなります。相場に合わせて臨機応変により合理的なトレードができるようになります。

■赤黒ゲームのすすめ

　FX で儲けるためには、「稼ぎたい心」を封印するという、一見矛盾することが求められます。そのための簡単なトレーニングを紹介します。

織田先生
お世話になります。

4月の戦績になります。
黒：38戦5敗＝86.9%
赤：3戦1敗＝66.7%

織田先生、おはようございます。
4月戦績です。
黒：86戦21敗＝75.6%
赤：　5戦 2敗＝60.0%
計：91戦23敗＝74.7%

宜しくお願いします。

　それは「赤黒ゲーム」といい、ルールを守ったトレードができたら、黒。ルールを破ったトレードをしたら赤で勝率を記録するのです。
　私は自分のスクールで赤黒ゲームの戦績を記録するように指導しています。
　これらの画像のように、私の勉強仲間たちとは週報、月報を共有しています。自分を律するという点で他人の目が入ることは有効です。

織田 慶さん
おはようございます、
7/8〜7/12の週報です。
先週は7戦6勝1敗、勝率90%でした。
ただ指摘頂くことも多かったので、偶然だと思います。
安定して勝率がとれるよう、エントリーと集計をして参ります。
宜しくお願いします。

ーーーーーーーー
6月月報】
★トレード回数
9日間　19戦　18勝 1敗
ーーーーーーーー
6月3日〜7日の第1週は、コンディション最悪でしたので、トレードすべきでない週
でした。

＊プライベートの「リズム」が悪かった。
★6月第1週の出来事、そこでの自分の振り返り、がターニングポイントとなりまし
た。

皆様に感謝しております。

ーーーーーーーーーーーーー

赤黒トレードは、

ルールを破った赤トレードはー２点
ルールを守った黒トレードは＋１点

で、どれだけ点を取れるかを意識します。

　普通の人はトレードの勝率や、勝った金額を重視します
が、赤黒トレードでは、どれだけ赤トレードによる失点が
少なかったかを重視します。

なぜなら勝率や利益は自分で決められませんが、赤トレードによるマイナス分は100%自分で管理ができるからです。

> 中級Gの皆さ〜ん、
>
> ー ー ー ー ー ー ー ー ー ー ー ー ー ー ー ー
>
> 私の月間報告ですが、
> 先週までの結果に、6/24と6/27を追加、
> と言う結果なんで、あまり変化無いですが、
> 6月は、7日間で、40勝6敗87%、約150万円、
> となりました。
> 利益額は記録更新ですが、額は結果的に
> 付いてくるものと考え、あまり拘らない
> ようにします。
> なので、7月は、どうなるかわかりません。
> 　（メンタルと相談して、7月のエントリー
> 　　方針の微調整は行いますが。）
> 清々しい気持ちで取り組み、
> 何か不安を感じたら終了する、
> ところを益々、磨きをかけて行く方針です。
>
> ー ー ー ー ー ー ー ー ー ー ー ー ー ー ー ー

織田先生、おはようございます。昨日はありがとうございました。

先週の週報です。6/17-6/21
3勝0敗（黒）
0勝0敗（赤）
先週は集中力に欠けたり、睡眠不足、体力の無さを痛感した一週間でした。今週は体調を整えて臨みます。よろしくお願い致します。

損失が出て負けたトレードでも、自分のルールを守っていればそれは黒とします。逆にどれだけ利益が大きくてもルールを破ったのであれば赤です。常に赤トレードをしないよう心がけるのは、外部の要因ではなく自分の問題だからです。

　そして黒トレードと赤トレードの結果を付けていれば、それぞれの勝率や利益は一目瞭然になります。このように俯瞰することで「赤トレードはこんなに勝率が悪いんだ、

織田先生

お世話になります

少し早いですが、月報です。

今月は経営している会社の決算月で集中してトレードできませんので、
せっかくの1dayセミナー後でフレッシュな気持ちで来週に備えます
（マンツーマンで勉強は毎日継続、添削はスマホからになりますから、画像解説できません）

実働10日間
黒　20勝5敗
赤　0勝2敗（ライン引き間違え、直近安値確認ミス）

74.1%　+592,572円

①黒負けの中に同値負け1、僅差負け1がありました
来月は織田論上級編を意識して、回避していきたいです。
②エントリー金額が上がってきた割には落ち着いて出来た

7月目標

0 赤トレード
ルール厳守
　　　　5連勝で終わり
　　　　2敗で終わり
　　　　1日の最初のエントリーで負けたら終わり
　　　　エントリー金額はその月の投資資金の5％まで
　　　　自己判定で赤トレードしたら終わり

以上、ご報告です

赤トレードなんかするのはもったいないことだ」とわかります。虫のトレードの愚かさに気づくようになるのです。

　だから今、勝率ばかり意識して、「ああ、今日も負けてしまった」と反省している人は、一度考え方を変えてみてください。

　今の欲望を満たすためのギャンブルはやめて、将来の資産のための投資を行ってください。

　稼ぐためにエントリーするのではなく、ルールを守った黒トレードで点数を取るためにエントリーしてください。赤黒トレードは脳の97%を味方につける良いトレーニングとなります。

　ちなみにこの赤黒ゲーム、最悪なのは赤で勝ってしまうことです。

　1番いいトレードというのは、ルールを守って勝ったトレード、「黒勝ち」ですよね。2番目に良いのはルールを守って負けた「黒負け」です。悪いのはルールを破って負けた「赤負け」、そして最悪なのがルールを破ったのに勝ってしまった「赤勝ち」トレードなんです。

　この赤勝ちトレードをすると、あなたの脳は「ルールを破っても勝てるんだ」と間違った学習をして、ルール破りを認めてしまいます。こうなると破産街道まっしぐらです。

　負けても涙、勝ったら地獄の赤トレードは絶対にしないでください。

4.
どんなシステムよりも価値のあるツール【無料！】

■日記をつけよう

　最後にお金をかけずに使える、最強のツールをあなたにお教えします。

　それは「トレード日記」です。「なんだそんなことか」とつまらなく思った方が多いかもしれません。いや、勝てていないあなたはそう思ったでしょう。しかし、必ずあなたのためになるので騙されたと思ってしっかり読み進めてください。

　なぜトレード日記が重要かと言えば、勝つためには、自分を知ることとマーケットを知ることが非常に大切だからです。

　記録を取ることは「マーケットはどんなものなのか」「そのマーケットに対して自分が何ができて何ができないか」を知ることになるからです。これはトレードに限らずどんな仕事でも同じですよね。

　「トレード日記をつけないで勝てるようになったトレーダーはいない」と言えるくらい重要なものです。トレード日記は私のトレードの核といってよいでしょう。

「トレード日記を書けと言われても、何を書いたらいいかわからないよ」

そんな初心者の方はまずは、

「日付、時間、勝率、取れ幅、負け幅、その時の感情、相場において／自分において気づいたこと、トレード時のチャート画像」

等を記録して、自分のオリジナル日記をつける習慣を持ってください。そうすることで、自分がマーケットに対してどんなトレードができるのか、どんなトレードをすると負けるのかがわかるようになります。

トレード画像のスクリーンショットは、勝チャートと負チャートを貯めて、時間があれば見比べて間違い探しをするのも効果的です。

気づいたことがあれば、記録することで自分のトレードがドンドン改善されていきます。

私の場合、紙のノートではなく PC による記録なので、まずはチャートのスクショを貼ってからメモをして、いつでもトレードを振り返れるようにしてあります。

私は便宜をとって PC に記録していますが、手書きのほうが何倍も脳の処理能力を使うので記憶に残ります。

まだまだ、これから勝てるようになるあなたは紙での日記をおすすめします。

日記をあとから振り返ると、「ここは、もう少し利確を

待てばよかった」、「ここを見落としていたらから、負けたのだ」といったことがわかり、自分のトレードを進化させることができます。

■絶対計画

ここで紹介する「絶対計画」とは、私の勉強仲間たちに必ず実践してもらっているカリキュラムで、

「習得したいことを確実に身につけ、確実に目標を達成する」

ためのものです。少しイメージしてみてください。人は、高さ20mの断崖絶壁をいきなり登ろうと飛びついても、跳ね返されてしまいますよね。

でも「高さ1mの足場」を20段組み、一段ずつ登っていけば確実に20mの崖を登ることができます。

もちろん、この1段ずつの足場の高さは1mよりも2m、2mよりも3mのほうが早く登れます。

しかし、高くしすぎて登れなければ意味がないし、バランスを崩して落ち、大怪我をしては登頂できません。

逆に、何の努力もなく普通に登れてしまう程度の低い足場であれば、いつまでたっても登頂はできませんよね。

なのでこの足場の高さは「頑張れば確実に登れる高さ」が理想です。

じつはこの絶対計画は、脳の仕組みを利用したあなたが勝つために重要な作戦です。

　脳は、「慣れないこと」、「危険なこと」、「変わること」、「大変なこと」、「難しいこと」、「つまらないこと」が嫌いなのでこれらを試みても継続できません。

　そして、「慣れていること」、「安全なこと」、「変わらないこと」、「楽なこと」、「簡単なこと」、「楽しいこと」が好きなのでこれらを継続します。

　なので、「よし、変わるぞ！」と強い気持ちで一気に断崖絶壁を登ろうと（変わろうと）決意しても、跳ね返されてしまいます。

　あなたが「明日から絶対にルールを守る」と決意してもなかなか守れずにこれまで通りの〝慣れている〟「欲に任せた虫トレード」をしてしまうのも、脳の仕組みが原因です。

　先ほど話した本能の自然化機能と恒常性機能を思い出してください。

　このことから、「脳に嫌われないくらいの小さな変化（少し頑張れば、確実に登れる高さの足場を登る）」を続けて、立てた計画（目的）を達成し「脳に楽しい、簡単」と感じさせれば継続できるようになる、こうなると、脳が嫌いだった「変化」が、脳が好きな「慣れ」「簡単」へ変わり、自然化できるようになる、つまり本能をコントロールできるのです。

　※ちなみに、計画を万が一達成できないようなことがあ

れば脳は「難しい」「大変だ」と認識し、ますます継続できなくなる＝成功が遠ざかり、破産が近づきます。間違っても、勝率や利益等、不確定要素を含む計画は立てないでくださいね。立てた計画は「確実」にクリアしてください。

この脳の仕組みを利用して、確実に目標達成するために実践してもらっているのが「絶対計画」です。

1　大きな目標達成のための小さな目標を定める
2　1で定めた内容を段階的に計画する（「頑張れば確実にクリアできる計画）
3　2を一段ずつ確実にクリアしていくことで確実に計画達成する
4　「達成すること」で脳は楽しく、簡単に感じるので継続できるようになり自然化する

なんて具合に絶対計画を実践してみてください。

確実にあなたのトレードが変わります。

そして、この絶対計画を最適化されたものにするために、トレード日記が必要不可欠です。

まずは今日から、濃密な自分だけのオリジナルトレード日記をつけてください。

本章では「勝ち続けるトレード」のために最も重要なことを書きました。

おそらくあなたは「つまらない」「面倒くさい」と感じるでしょう。

　少なくともあなたが、9割の負ける人間のうちの一人であるなら、実践してくれないでしょう。しかし、損失を抑えて勝ち続けるトレーダーになるためには、ここが絶対に必要です。

　会ったことも話したこともない私の話が、本でどこまで伝わるのかわかりませんが、どうか、どうかお願いだから、私のように負け続けるつらい時期を味わいたくなければ、素直にここを実践していただけたら最高に嬉しいです。

　最後にもう一度振り返ってみてください。

　この本に書いてある内容であなたにできないことはありましたか？　トレンドラインを2本引いて、幸せゾーンに入ったら建値する時にRRRが1：1以上になるように損切と利確を設定してしまうだけです。

　たったそれだけでいいんです。

　じつは本当にシンプルに勝てるんだよということがわかったと思います。

　そしてこれを継続するために、今日からNPLトレード、赤黒ゲームをはじめ、トレード日記をつけ絶対計画を実践してください。

　自分で稼ぐ力をつけ、国にも会社に依存することなく、自分の手で理想の人生を創りましょう。

コラム：理論的根拠よりも統計的根拠

　相場を分析するため提唱された「理論」はダウ理論に始まり、これまで多くあります。グランビルの法則、エリオット波動理論、フィボナッチ数列、値幅観測論、波動論、時間論、酒田五法、ハーモニックパターンなど、数え上げたらキリがないほど、様々な分析方法が存在します。

　しかし、いずれも「それだけ」では使えません。しっかりと統計を取って、再現性を確認したものだけを使うことが、優位性の確保につながると私は考えます。私はこれまで優に 1000 万本を超えるローソク足を検証してきました。その考え方が自分のトレードにとってどうだったか、統計を取るのが大事なのです。

　私の統計の取り方は、過去のデータに対して仮説と検証をひたすら繰り返すというものです。ここで初心者がやりがちなのが、自分の仮設に対して「勝っている場面だけを探してしまう」ことです。

　しかし、負けている場面を探したほうがよっぽど効率も良く、価値ある作業となります。

　繰り返しとなりますが、多くのテクニカル理論は先物や株などマーケットの長い歴史のなかで考案されたもので、FX 専用に考案されたわけではありません。しかし、私がお伝えした通り、相場の本質＝投資家心理であることは変わりません。だからこそ、市場を問わずテクニカル理論は用いられている現実があるのです。

終章

いまの「トレード脳」が
できるまで
〜勝つまでの軌跡〜

■成績オール 1・偏差値 32 の落ちこぼれ

「今のままの成績だと、どこの高校にも行けないですよ」

中学 2 年の三者面談で担任から言われた言葉です。当時の私の成績は、体育以外はオール 1。まるで漫画のキャラみたいな惨状でした。もともと勉強嫌いというのもあったのですが、ボクシングをやっていた父親の影響でボクシングを習っていた私は、中学時代は、勉強そっちのけでボクシングに打ち込んでいたのです。

ちなみに、皆さんの小学生時代ってクラスの「足が速いやつ」が妙にモテてませんでしたか？　その後中学に入ると今度は「ケンカが強いやつ」が妙にモテてませんでしたか？

そうです。当時中 2 の私は「強い＝カッコいい」という価値観に支配されており、むしろ「コツコツ勉強する奴はダサい」くらいに思っているどうしようもないやつだったのです。

なので、ボクシングを始めた動機に下心みたいなものも正直ありました。けれどいつしか私は真剣に「世界一のボクサーになりたい」と考え、トレーニングに励む、そんな

中学生だったのです。

　そんな私の将来を心配した母からは「なんとか高校だけ
は行ってくれ」と泣かれました。うちはけして裕福な家庭
ではなかったのですが、母はなけなしのお金を工面して、
私のために現役東大生と現役慶大生、二人の家庭教師をつ
けてくれました。悔しくて泣きながら受験勉強し、中学生
なりに大変な経験をしましたが、母のおかげでどうにか高
校には行くことができたのでした。

■偏差値 30 台の底辺校の実態

　母親の支援もあってギリギリで高校合格できた程度の私
なので、高校の選択肢なんてほとんどありません。私が
通っていた高校は、偏差値 30 台で学区内で下から 2 番め。
私を筆頭にあまり優秀でない生徒が集まってくるような学
校でした。近隣からの苦情が絶えない、そんな学校だった
んですけど、なぜか「制服がかわいい」「規則が緩く自由」
という理由で割とかわいい女子が入学するちょっとした人
気校といった一面もありました。

　そんな高校の入学式で私は、「一目置かれたい」と髪の
毛をアッシュ系に染めて参加します。

すると速攻で先輩に目をつけられましたね（笑）。その後、校内で「3大美女」なんて呼ばれていた、めちゃくちゃかわいい先輩と付き合うことになると、嫌がらせはさらにエスカレートしました。渡り廊下を歩いているとどこからともなく空き缶を投げつけられるような高校生活を送っていました。ボクシングをやっていたので、そいつを殴るわけにはいきませんが、「陰口や嫌がらせはダサいやつ、弱いやつがやること」と思ってスルーしていました（まあ、その先輩たちとも後に和解して仲良くなりました）。

　ちなみに、ちゃんとした高校に通っていた読者の方は想像つかないと思うんですが、こういう高校だと、いつのまにか友達がガンガン減っていくんです。
　「勉強ができなくて、単位が取れないからか？」なんて考えたかもしれませんが、理由は「タバコ」です。タバコが原因で退学したり、停学になって単位が足りずどんどん学校をやめてしまうのです。

　プロボクサーを目指す私にとって、タバコは害でしかないので、周りの誘いはきっぱり断っていました。気づけば周りの友達や先輩の多くが退学するなかで、なんとか高校の卒業を迎えます。生き残った同級生は、本来もっと上の高校に行けたのに、制服目当てでうちの高校に入ったやつが多く、普通に大学進学を選んでいました。

私も母から「大学に行ってほしい」とは言われていたのですが、夢はボクシングで世界一になることだったので、大学受験は一切しないで、プロボクサーを目指すことになります。

■憧れのプロボクサーに。でも現実は甘くない

　高校卒業後、日雇いの派遣のバイトをしながらボクシングの練習に励みました。高校生の時の私は、それこそ肩で風切って歩くような典型的なイキリでした。当時必死に勉強していた同級生を「つまらない生き方だな」と勝手に思っていたんですけど、そいつらが有名な大学に合格したり、立派な会社に勤めたりと、社会的な地位が私より全然上になっていることを知ると、悔しさや惨めさのようなものを感じました。

　そんななか、念願のプロテストに合格したのはちょうど20歳のことでした。ボクシングに詳しい人はご存知かと思いますが、ライセンス交付直後のプロボクサーは4回戦（4ラウンド制の試合）しか出られない〝C級ボクサー〟からスタートします。
　ファイトマネーは1試合4万円ですし、試合数も年間で4試合くらいしかありません。「プロ」を名乗っているも

のの、ファイトマネーだけで生計が立つはずもなく、私は日雇いの派遣バイトを続けながら、プロボクサーをすることになります。

当時私がやっていた仕事は、日給8000円くらいの肉体労働でした。早朝、指定された工事現場に向かい、1日中ゴミ出しや荷物の運搬を行って、夕方6時に帰ってきたら、ジムで練習をする。さらにその後ピザのデリバリーのバイトも掛け持ちしていました。

プロになってからもあいかわらず派遣の仕事は続けていましたが、毎日仕事があるわけでもなく、やがて家賃の支払いが苦しくなり、最悪な時は電気・ガス・水道が全部止まっていた時期もありました。

近くのコンビニで仲良くなった店員から廃棄する弁当を内緒で分けてもらい、なんとか食いつないでいました。

学生時代の自分のセルフイメージはめちゃくちゃイケてるやつだったのに、当時の私はコンビニの廃棄弁当で飢えをしのいでいる有様で、不甲斐なく思いました。

もちろん、前からプロの厳しい実態は知ってはいましたし、C級のプロボクサーなんてなんのすごさもないのは承知の上でした。しかも最近は芸能人やYouTuberが話題作りでプロテストに合格したりもしています。そんなC

級ボクサーでも、普通の人から見れば「プロ」なので一様に「すごい」と言ってくれます。小さな自尊心は満たされるけれど、何か釈然としないものがあり、私は「必ず世界一のボクサーになってやるんだ」と心で思っていました。

■不動産会社に拾ってもらう！

とはいえ、今のガテン系の仕事を続けているとなかなか満足のいく練習もできません。そんな時に紹介されたのがある不動産会社のＳ社長でした。ご縁でＳ社長からサポートしてもらえることになったのです。そして私はその不動産会社で事務職の社員として働くことになります。サポートしてもらっている私が言うのもおかしいですが、その会社はけして大きな会社ではありません。本来必要のない人材である私を、気持ちだけで雇っていただきました。だから私は「社長に迷惑はかけられない、なんとか貢献したい」と、バイト経験を活かして内装の仕事をやったり、部屋探しをしている知り合いを紹介したりとなんとか業績に貢献したいと頑張っていました。

このＳ社長には今でも心から感謝しています。Ｓ社長、本当にありがとうございます。

そんななか、私は不動産屋として一人前になるのに必須といわれる資格、「宅地建物取引士」の資格を取ることに

します。当時の私は若いうえに、業務の知識もないので、取引先の大手企業の宅建士からバカにされることもあったのです。

「こんなやつに下に見られたくない、宅建を持ってるくらいで偉そうにしやがって」と心のなかで思っていましたが、その宅建すら持っていない私は、口にできません。

なので「宅建なんか誰でも取れる、簡単な資格なのに偉そうにするな！（笑）」と言えるようになるために、資格を取ることを決めました。

受験1年目はとりあえず、受験会場に行ってみただけでした。勉強とは縁のない人生を送ってきた私は、高校受験ぶりの試験なのでまずは場慣れしようと考えたのです。2年目は、試験3ヶ月前から過去問を説いて、わからないところを理解する。これをひたすら繰り返しました。その結果、試験は無事に合格しました。偏差値32でも宅建の資格が取れたのです。

学校の勉強に必要性を感じなかった私も、宅建は「欲しい」と感じたことが、合格できた要因だったのかなと思います。

そして今なら言えます。

「宅建持ってるだけじゃなんにもならない、偏差値32でも取れる資格で偉そうにするな！」と（笑）。

ちなみに、この過去を検証して理解を深めるスタイルは、

私のトレードの攻略とも似ていると感じます。

■ボクシングは腕力のスポーツじゃない

　よく誤解されるのですが、ボクシングは腕力のスポーツではありません。プロの試合ではトレーニングした者同士が戦うので、ランカーやチャンピオンクラスなど、高度になればなるほど、究極的には心理戦が増えていきます。リングの上で戦いながら、どんな相手なのかを常に考えているのです。

　「ジャブを打ったら、相手はどう避けるのか。こう避けるなら、次はこっちに打とう」と、対戦相手のクセや視線の動きを洞察して、「相手がどうしたいか、どうされたら嫌か」を考えて、さらにその先を読む。対戦相手の表情に、恐怖が見て取れることもありますし、こちらがポイントで勝っていると、相手の焦りが見えることもあります。

　この「相手が何を考えているか、洞察する」という習慣はトレードでも役立っています。

　「自分が買う時に売る側はどう考えて売っているのか。どの辺りで売りたいと思っているのか」
　私は、前章までに解説したように、相場分析においては投資家心理の分析がものすごく大事だと思っています。

■燃え尽きたプロボクサー

　C級ボクサーからスタートしてA級のプロボクサーになった私は、元アジアチャンピオンや、元世界ランカー、現役日本ランカーといった格上相手に戦いを挑みましたが、良くて引き分け、僅差判定負けで終わりました。一時はボクシング雑誌で「チャンピオン候補の期待の星」として紹介されたこともありましたが、結果は残せず、だんだん年も取るし、負けも込みます。どれだけ頑張って練習しても、勝たなければ意味がない。引き分けでは記録に残りません。あらためてプロの世界の厳しさを知り、私は大きく挫折することになります。

　「このまま続けてもどうにもならない」。A級ボクサーともなれば、自分の力量や今後の可能性というのも見えてきて、悔しいけれど世界一にはなれそうもありません。中高生からプロボクサーになることが私のアイデンティティでした。努力して実際にプロになれました。

　今までの自分はボクシングがあるから堂々と生きてこれたような人間で、そこからボクシングが無くなると、とたんにダメになりました。お金もないのに歌舞伎町や六本木でお酒を飲み、遊び呆けるようになります。夜の街で酔っ

ぱらいに絡まれたこともありましたが、相手を殴るわけにもいかないので、ひたすら謝るだけです。ついには浪費しすぎて家賃も払えない状況に陥りました。

■オンラインカジノに活路を

　こうして真っ白に燃え尽きてしまった私ですが、じつはもう一つ、ボクシング以外に学生の頃から熱中していたものがありました。それは友達とのちょっとした「勝負事」です。ビリヤードやダーツ、ボウリング、あるいは休み時間のトランプなど、その時のプレイ料金だったり、あんなものやこんなもの(ハードなので自主規制します笑)を賭けて友達と勝負するのです。ボクシングとギャンブル、根っからの勝負好きな性格の私です。

　しかし高校を卒業すると、友達と勝負する機会も減ってしまいます。そんな時に軽い気持ちで登録したのがオンラインカジノでした。それ以来なんとなく遊びで続けていたオンラインカジノを、ボクシングで挫折したのを機に、本格的に攻略してやろうと熱が入りました。

　この本を読んでる人のなかには「カジノなんてただの博打じゃないか」と思う人もいるかもしれませんが、「控除率」の点で見るとじつはカジノはそこまで悪くありません。

　「控除率」という言葉を初めて聞いた人に向けて解説し

ておくと、控除率とはプレイヤーが賭けた金に対して、胴元がどれだけ控除するのかを表した数字で、カジノの世界ではハウスエッジと呼ばれることもあります。わかりやすくいうと胴元の取り分のことです。総BET額から控除率を引いた金額が、プレイヤーに還元され、この割合を還元率といいます。

例えば、公営ギャンブルである競馬の還元率は75%程度で、1万円を賭けると7500円が戻ってくる計算になります。賭け金の25%は胴元が取っています。その金でレースを運営したりスタッフの給料を払っているわけです。

対して、友達との勝負で、1000円の図書カードをそれぞれが出し合い、じゃんけんの勝者がもらう場合、これは還元率100%の勝負となります。胴元が存在しませんからね。

ちなみに、宝くじの還元率は50%を切っているので、めちゃくちゃ分が悪い勝負です。夢を買う分にはいいですが、私はあまりおすすめしません。

販売所に列をなしている人が払ったお金は、宝くじの収益金として世の中の役に立つことに使われているので、〝めっちゃ社会貢献してくれている〟と言えるでしょう。

話をもとに戻すと、カジノの還元率は種目にもよるのですが、だいたい97%くらいあります。そして、私が攻略

しようと目論んだブラックジャックに至っては、条件次第で還元率が 100% を超える瞬間があるのです。

「おいおい、還元率が 100% を超えるってどういうことだよ」

と思うかもしれません。

ブラックジャックは、場に出たカードを記憶しておけば、残りの山札のカードがどんなカードが入ってるのか推測が成り立ちます。

ブラックジャックでは絵札（J、Q、K）は 10 と同じ扱いで、強いカードとなります。

そこで、残りの山札に 10 以上の強いカードがたくさん眠っている時、これはプレイヤー側が勝てる可能性が高く、場合によっては 100% を超えることもあり得るのです。この手法を「カードカウンティング」といいます。

余談ですが、『ラスベガスをぶっつぶせ』という映画があって、これはマサチューセッツ工科大学の天才学生たちが、カジノで荒稼ぎした実話を基にした作品です。彼らがどうやってカジノで稼いでいたかというと、カードカウンティングなのです。

ただ、カジノもお人好しではないので、現在は複数のトランプを使うなどのカードカウンティング対策を立てています。

トランプ 54 枚を 1 デックと呼んで、複数のデックを混

ぜることで、残りカードの推測を難しくしているのです。オンラインカジノでは6デックや8デック使うのが普通なので、純粋なカウンティングはほぼ通用しません。

　そして、もう一つ「カードカウンティング」と並ぶくらい有名な戦略に「ベーシックストラテジー」があります。ネットで検索すれば簡単に見つけられるので、概要だけお話しすると「ディーラーの手と自分の手を見て、ヒットするかステイするかを確率に基づいて決める」というテクニックです。

　実戦では「残りは何が何枚あるのか」、「いくら賭けるのか」、「他のプレイヤーの出方はどうか」なども考慮する必要があり、このベーシックストラテジーと、カードカウンティングを併せて攻略することを「パーフェクトストラテジー」と言ったりします。

　投資の分野もそうなのですが、カジノの研究は海外のほうがとても盛んで、当時の私は海外のレポートをグーグル翻訳を頼りに必死に読み込んでいました。

　私はこの2つの手法と独自の分析方法を組み合わせることで、「カジノで勝てるのでは？」と考えたのです。

　ただ、私の主戦場となるオンラインカジノ（正確に言うと遠隔で行うライブカジノ）では、前述の通り、単純なカードカウンティングは通用しません。

　そこで私は独自にゲームの統計を取りました。統計を取

ることで、「カジノ側がプレイヤーにエッジを感じさせる瞬間」が見えてきます。「エッジを感じさせる瞬間」とは、プレイヤー側が「私、勝てるかもしれない」「儲かるかも」と思わせるよう、勝てるよう、カジノが仕向ける瞬間のことです。そうやって、プレイヤーをゲームにのめり込ませて、大金を賭けてもらうのがカジノ側の狙いです。

　パチンコ屋が客寄せで出る台を用意するのと同じ理屈で、出る台は、お店の経営的に目先ではマイナスですが、それ目当てで多くのお客さんが来て、普通の台も打ってくれます。

　その結果、トータルの収支でお店はプラスになるから、マイナスの出る台も用意するのです。話がそれましたが、私は統計を取りながら、カジノが用意する美味しい瞬間だけを取って逃げることに徹していたのです。

　そして、統計以上に重要なのが資金管理とトレード管理です。**カジノで培った資金管理とメンタル術、トレード脳が後の FX でも役立っています。**

　最初の頃は勝ったり負けたりしていましたが、やがて月３万円くらいはカジノで安定して勝てるようになりました。調子の良い月だと 300 万円くらい稼げた月もありました。その時の私は「これで一生食っていけるぞ」くらいに楽天的に考えていたのです。

■カジノ攻略法を見つけたと思ったら、出禁に

「おい、ふざけんなよ」

　ある時、ハウスカジノから私宛にメールが届きました。その内容は「規約に抵触する恐れがあるため、ライブカジノの利用を禁止させていただきます」というものでした。どうやら私の勝ち方が、カジノ側に目をつけられたようです。私の幸せは長くは続かなかったのです。私としては当然、納得がいくはずもないので、

「腹立たしい。違反なんて何もしてないのに！」

　と思ってカジノに抗議のメールを送ります。

「私の何が違反しているのか、具体的に教えてほしい」

　しかし、何を聞いてもカジノ側の答えは、

「規約に抵触する恐れがある」

　の一点張りできちんとした答えは返ってきませんでした。この時はただただ腹立たしかったです。

「1つのカジノが出禁になっても、他にもたくさんカジノはあるでしょ」と思うかもしれませんが、当時信用できるオンラインカジノは数社しかなく、そのうち2社で相次いで出禁になったので、事実上追放されてしまったのです。

　10年前はこんな横暴がまかり通っていたオンラインカジノ業界ですが、今はもう少しまともに運営していると願

いたいものです。

■カジノを見切り、BO（バイナリーオプション）に挑戦する

　カジノ側の一方的な理由で、稼ぐ手段を失った私は、「もう少し、公平性のある市場で勝負すべきだな」と考えました。そのなかで、注目したのがバイナリーオプション（以下、BO）です。

　BOとは為替を対象とした投資商品で、通貨の値動きを予測し、決められた判定時間に「上がっているか、下がっているか」を予測します。

　バイナリーとは二者択一のような意味があるそうです。みごと予想が当たれば投資金額の約1.8倍（当時）のペイアウトがあります。

　予想が外れた人は、全額胴元にお金が渡っているので、還元率としては80％くらいでした（今はBOの会社が増えて還元率はもっと良くなっています）。

　こう聞くと、「なんだ、カジノの97％よりも全然悪いじゃん」と思うことでしょう。

　実際、私もそう思っていました。カジノのペイアウトが基本100％であることを知っている私からするとBOなんて「あまり魅力がない」と感じるのです。だから、BOの

存在は前から知ってたものの、それまで見向きもしません
でした。

　しかし、そうも言っていられない状況になったので、あ
らためて BO について研究すると、じつは勝率が取りやす
いことがわかってきました。

　なぜ BO では勝率が取りやすいのか？
　カジノで勝つために準備できる材料は、かなり限られま
す。
　一方で BO の投資対象となる為替の値動きには 10 年分
以上の過去統計や、先人が残してくれた多くの理論、投資
家心理など材料が多くあるのです。手にできる武器が多い
分、それを使いこなせばプレイヤーはエッジが取りやすい
のです。
　また、カジノの構図は「プレイヤー vs 胴元」で、FX は「プ
レイヤー vs プレイヤー」です。そして BO の構図は「プ
レイヤー vs 胴元」とカジノと同じですが、為替を対象と
しているので分析すべきは FX の「プレイヤー VS プレイ
ヤー」となるのです。
　かつて勝率を取るのに苦労していたカジノよりも、BO
のほうが勝率が取りやすいと気がついてから、私はのめり
込んでいきました。
　しかし、甘くはありません。初月に 500 万近く負ける散々
な結果となりました。シャレにならない金額です。

BO では簡単に勝率 8 割以上取れていたからこそ、資金管理が疎かになっていたのです。

　その後、安定して勝つために、ネットや YouTube のバイナリーオプション攻略法を見て研究しました。なんとか勝ちたいと情報商材を買ったり、コンサルを受けたりもしてみました。

　それでも最初の 1 年以上は負け続けて、給料の大半を BO 業者へ入金し溶かし続けるような生活をしていました。

　「勝率 8 割なのに 500 万円も負けるってどういうことだよ」と感じた人もいるかもしれませんが、9 勝 1 負でも 9 回のベットが小さくて、負けた 1 回を大きく張っていたら当然負けます。

　俗に言う「コツコツドカン」というやつで、前述した「勝率≠確率」ということです。

■ FX のほうが簡単だと気づいたので FX に進出

　手痛い負けも経験しましたが、なんとか BO で勝てるようになった私は、「FX のほうが簡単である」と気づいて FX の攻略に乗り出しました。

　「BO で勝ってるなら、そのまま続ければいいじゃん」

　と思う人もいるかもしれませんが、もちろん BO も続け

ていますよ。

　しかし私は運用資金が数千万円以上であればFXのほう
が適していると考えます。少額のうちは短期決済で利益を
狙えるBOは適しているといえますが、資金が大きくなれ
ば話は別です。

　BOでは投資額の上限が決まっているので、大きな金額
の取引ができませんし、強制決済なのでリスクコントロー
ルのためにできることが少ないです。

　ですから運用資金が大きくなれば、自由度の高いFXの
ほうが、収益率、リスク管理の点から考えて適しているの
です。

　そして何より、BOでは決済時間が決まっているため、
ピンポイントで値動きを予測する精度の高い分析を要しま
す。

　さらに高い利益率で運用するためには高勝率のトレード
が〝必須〟です。一方で、FXでは勝率以外の武器も使え
るため、「勝率が低くても勝てる」のです。

　勝率が低くても勝てるFXの市場で、BOで得た「高勝
率が取れる精度の高い分析」を取り入れたら、かなりの優
位性を取れると私は考えて、FXに参入したのです。

　よく「初心者はBOとFXどちらをやればいいでしょ
う？」という質問をもらうのですが、BOは仕組みがシン
プルで強制的に決済されるので、初心者でもとっかかりや

すいです。

　できることが限られている＝楽だともいえます。対して FX は BO に比べれば覚えることが多くて、楽に取り組めるとは言い難い。

　ただし自由度が高いです。自由度が高いからこそ自分の優位性を確立しやすいといえます。私はよく自分の生徒に「少額を、短期間で数十万円、数百万円にしたいなら BO、1億円以上稼ぎたいなら FX」と言っています。

おわりに

　本書を読み終えてなお、「投資は危険、貯金をすべき」と考える方はいますか？

　私の世代や私より上の世代以降の方は特に、「投資は危険、FX なんてもってのほか」と考える方が多い印象があります。

　でも、少し視点を変えてみてください。投資を否定するあなたも、じつはすでに投資してるんですよ？

　万人が持っている財産があります。〝時間〟ですね。これを何に、どれだけ、どのように Bet(投資) するかにより、得られるリターンが大きく変わります。

　あなたがエリートサラリーマンであれば、学生時間から遊ぶ時間を Bet して勉強し、大変な時間を乗り越え良い大学に入ったのでしょう。そして過酷な就活戦争を乗り越え、大手企業に就職したのでしょう。その分人より多いリターンがあるはずです。一方で、満員電車に揺られる時間や上司のパワハラに耐える時間、好きでもない仕事をするつまらない時間くらいしか Bet していないあなたは、それなりのリターンしかないことでしょう。

□何を犠牲にしてでも身につけたかった

　かつて、私がまだそれほどトレードで勝てない頃、私がFX をやっていると知ると同級生や諸先輩方はバカにしま

した。「織田、投資なんて、大金持ちがすることだ。東大を出て国家資格をたくさん持っているような人でも勝てない世界で、高卒のお前が勝てるわけない」と。

　まぁ、確かに「ふつう」の人が、こう思うのもわからなくはないです。プロボクサーになる前も「ガリガリで虚弱体質のお前がプロになれるわけがない」と散々言われました。でもこれって、一見真っ当に思えますが、実際にはなんの根拠もない意見ですよね。ただのその人の「ふつうの物差し」にすぎません。

　未来なんて、私がFXをやって勝つかどうかなんて、やってみなけりゃわからないのに。

　それに、日本人の平均(つまり「ふつう」)年収って400万円台らしいじゃないですか。1000万円以上稼ぐのは0.1〜3%以下だそうです。

　そして、「ふつうの人のままだと老後困る」と国が言ってるんですよ。ならこの3%側に入りたいですよね。「やりたいことを否定する〝ふつうの人〟の言うことはもう聞くな！」は、言いすぎでしょうか。

　高卒で偏差値30台の私が、あなたより少しだけトレードが上手で、少しだけ多く稼ぐことができているのはなぜかわかりますか？

　それは私が、賢いとかセンスがあるとかそんなことではなく、「あなたより多くBetしたから」にすぎません。

カジノと一緒ですよ。1万円 Bet するより、100万円 Bet するほうがリターンが多いですよね。

　1日20時間近くチャートを見ていた時期もあります。何を犠牲にしてでも身につけようと覚悟して捨てたものも多くあります。トレードが原因で電気・ガス・水道全て止まって惨めな時間を過ごしたこともあります。電気が使えないので、自宅近くのコインランドリーで PC を充電して店員の蔑むような視線を感じながらローソク足を見ていたこともあります。同級生で稼ぐ人が多くなり、焦る時期もありました。多くの方に応援していただいたボクシングで結果が出せず、トレードでは損失ばかり、「自分は何をやっているんだ」と悔しくて泣いたこともありました。給料のほとんどを Bet して惨めな思いをしていた「本当に自分は格好悪い」と落ち込む時期もありました。

　〝「ふつう」の物さし〟を持った賢いあなたなら、「自分には無理だ、向いていない」と早々に見切りをつけて損失の少ないうちに撤退していたでしょう。

　ちょっとだけ普通と違うらしい私は、それでも諦めることができず Bet し続けてきた結果、私を馬鹿にしたエリート同世代の年収を一月もかからず稼ぐことができるスキルが身についたわけです。

　もちろんこれは、彼らの頑張りが私に劣るとかではありません。

彼らは、「良い大学に行くために、いい会社に就職するために」Bet したのに対して、私は「トレードで稼ぐために」Bet したというだけです。

　あなたは何のために、どのように Bet しますか？
　「終身雇用は無理と言われ、年金を払っても将来十分な暮らしはできないから自分で投資しろと言われるけれど、それでも投資は怖いから私はやらない。リストラのリスクは年々増えていくけど、なんとか定年まで今の会社で勤め上げる」という Bet も、それがやりたいのならいいでしょう。

　「会社にいいように使われて捨てられるのはごめんだ。釣った魚をもらうんじゃない、自分で魚を釣れるようになるんだと、人生を豊かにするためにトレードスキルを身につける」という Bet でもいいでしょう。要は自分が Bet したいことに Bet すればいいのです。

　ただ一つ、「トレードはどんな人でも確実に持っておいたほうがよいスキルである」ということは言わせてください。
　あなたが、大学生でも引きこもりでもフリーターでもサラリーマンでも、経営者でも公務員でも、どんな人であれ絶対に持つべきスキルだと私は思います。

きっと 10 年後「昨日は○○ Pips とれたよ〜」といった会話が、学生やサラリーマン、ママ友の間で普通に交わされる社会が来ると思っています。家のPCにはFXのチャートソフトが入っているのが普通になります。本来、FX トレードはそのくらい「普通」なことなんです。

□ **これからトレードで勝つあなたへ**
　勝ち続けるためには、「在り方」が非常に大切です。
　人としての在り方、トレーダーとしての在り方を常に意識してください。
　あなたはどんな人で在りたいですか？
　奥さん、旦那さん、お子さん、親御さん、天国にいる大切な人に、どんな自分だったら堂々と「私今こうやって生きてるよ」と胸を張れますか。
　大切な人に胸を張れる生き方をしてください。
　なんでもいいです。人に優しくしてください。人が喜ぶことを率先してやってください。困っている人がいたら助けてあげてください。すると清々しい心で毎日を過ごせるようになります。
　それがあなたの在り方になります。
　なぜ、最後の最後にこんなことを言うのか。それは勝ち続けるためには、清々しい心でトレードをする必要があるからです。プロボクサー崩れとして荒んだ生活を送っていた自分にはよくわかります。心が荒んでいれば、チャート

はクリアに見えません。トレードルールも資金管理も守れません。堂々と在れるあなたでいてください。

　そしてあなたは「常勝トレーダー」で在りたいわけです。であれば「常勝トレーダーならこうする」をしましょう。
　常勝トレーダーはけしてルールを破りません。しっかりと資金管理をします。
　だったらあなたもルールを破ってはだめです。もちろん資金管理もちゃんとやってください。
　日頃から人としての在り方を意識し、トレード時はトレーダーとしての在り方を意識してください。在りたい自分で在ることで、心地よく清々しい心でトレードしてください。9割の稼ぐためにトレードする負け犬ではなく、〝理想の在り方〟のためにトレードしてください。
　これは勝ち続けるための必須事項であると言えるでしょう。

　本書では、私の使う分析手法のうち一つの勝ち方をなるべく簡単に記して、あなたにお伝えしました。
　「幸せゾーンの勝率をさらに上げたいよ」
　「もっと細かく分析手法が知りたいよ」
　「他の分析手法も知りたいよ」
　「仕事の合間とかではなくガチガチに勉強して身につけたい」

「もっと聞きたいことがある」

　こんな方がいらっしゃったら、ぜひ直接私に会いに来てください。

　「本気」で勝とうという前向きな気持ちがある方であれば、たぶん嬉しくて、勝ち方でもプライベートでもべらべら話すと思います(笑)。

　そして、トレードは一生勉強だと思っています。

　相場の世界では少しだけ、あなたより先を歩いているかもしれませんが、私もまだまだ道半ばの未熟者です。

　私と一緒に勉強し、成長したいと思ってくれる方も、ぜひ直接会いに来てください。

　勝って笑って幸せな、最幸のトレード家族を作りましょう！

　それでは、次は直接お会いしましょう！　楽しみにしています！

　https://adb-ss.com/t/bakatore

本書ご購入者限定のご案内

本書をご購入いただき、誠にありがとうございます。
ご購入いただいた読者の皆様に、最新の情報を LINE@
にて案内しております。ぜひご登録ください。

https://adb-ss.com/t/bakatore

織田 慶（おだ・けい）

東京都出身。1987年生れ。中学時代の成績は、体育以外全て1。高校は東京の学区で2番目に偏差値が低い。ガテン系のバイトをしながら20歳でプロボクサーになる。そんななかで「オンラインカジノ」で異彩を放つ存在に。最初の1年は口座残高を溶かし続ける日々が続くも、試行錯誤を重ねて開眼。遂には儲けすぎて強制退場（出入禁止）となる。その後、バイナリーオプション（BO）に出会い、チャート研究に没頭。1000万本のローソク足から必勝の法則を見出し、常勝トレーダーとなる。さらに自慢のテクニカル分析を基にFXでも躍進。1週間で1200万円稼ぐことも。驚異的な実績から教えを請う人たちが集い始め、現在1500人の塾生が著者のオリジナル理論を実践中。

https://adb-ss.com/t/bakatore

〈勝率8割〉の馬鹿トレFX

2019年9月2日	初版発行
2020年8月25日	3刷発行

著　者　織　田　　　慶

発行者　常　塚　嘉　明

発行所　　株式会社　ぱる出版

〒160-0011　東京都新宿区若葉1-9-16
03(3353)2835－代表　03(3353)2826－FAX
03(3353)3679－編集
振替　東京 00100-3-131586
印刷・製本　中央精版印刷(株)

ISBN978-4-8272-1190-0　C0033

弊社では、投資全般に係わる相談、相場の変動予測、個別の相談等は一切しておりません。
実際の投資活動は、お客様御自身の判断に因るものです。
あしからずご了承ください。